江戸を賑わした

色街文化と遊女の歴史

監修◎安藤　優一郎

KANZEN

遊女たちで賑わった「岡場所」という遊里

江戸時代の色街として真っ先に思い浮かぶのが「吉原《よしわら》」であろう。幕府から公認され、豪華絢爛な衣装を身にまといつつ、郭《くるわ》のなかに押し込められた吉原遊女たちの悲喜こもごもは非常にドラマティックである。

しかし、江戸時代の遊女は吉原だけにいたわけではない。江戸だけでも数十を数える非公認の色街が存在し、それぞれの町に遊女たちがたくましく暮らしていた。非公認の色街のことを「岡場所《おかばしょ》」というが、岡場所には岡場所なりの物語がつむがれた。

岡場所に選ばれる場所は、人の往来が激しいところである。江戸時代の庶民は、寺社参詣を非常に好んだ。現代の日本人も、大晦日などの節目のときには寺社に参詣するが、当時は寺社参詣が日常の娯楽の

江戸を賑わした

色街文化と遊女の歴史

監修◉安藤　優一郎

KANZEN

【江戸を賑わした　色街文化と遊女の歴史】

遊女たちで賑わった「岡場所」という遊里

江戸時代の色街として真っ先に思い浮かぶのが「吉原《よしわら》」であろう。幕府から公認され、豪華絢爛な衣装を身にまといつつ、郭《くるわ》のなかに押し込められた吉原遊女たちの悲喜こもごもは非常にドラマティックである。

しかし、江戸時代の遊女は吉原だけにいたわけではない。江戸だけでも数十を数える非公認の色街が存在し、それぞれの町に遊女たちがたくましく暮らしていた。非公認の色街のことを「岡場所《おかばしょ》」というが、岡場所には岡場所なりの物語がつむがれた。

岡場所に選ばれる場所は、人の往来が激しいところである。江戸時代の庶民は、寺社参詣を非常に好んだ。現代の日本人も、大晦日などの節目のときには寺社に参詣するが、当時は寺社参詣が日常の娯楽のひとつだった。そのため、大きな寺社があるところは常に賑わい、そうした場所に春を売るための遊女たちが集まった。また、江戸の町は水路が張りめぐらされ、水上交通が発達していた。川沿いや水路沿いには、他国から船が乗りつけ、そのそばには商家の蔵が立ち並んだ。そういうところにも遊女たちは集まってきた。

地方にも色街は栄えた。京都の島原《しまばら》や大坂の新町《しんまち》、肥前《ひぜん》の長崎や常陸《ひたち》の潮来《いたこ》などは、幕府あるいは各藩に認められた公認の遊郭である。もちろん、公認の遊郭があれば岡場所も生まれた。

もうひとつ、岡場所として著名なのが宿場町である。各街道の宿場は長旅をする者にとっての休憩場所であり、旅籠《はたご》という宿泊施設が併設されていた。ここで遊女が活動しないわけはなかった。

本書は、吉原以外の色街をおもに取り上げた。吉原だけではない色街の姿を堪能してもらいたい。

東海道の宿場・御油《ごゆ》宿。中央に描かれているのは、飯盛旅籠の女中が、店の前を通過しようとする旅人を力ずくで旅籠に引き入れようとしている女性。旅籠の中からは、飯盛女がその様子を笑いながら見ている。こういう強引な飯盛旅籠もなかにはあった。（『東海道五十三次』歌川広重、国立国会図書館蔵）

吉原以外の遊里

遊女といえば「吉原《よしわら》」というイメージがあるが、江戸には各地に遊女がおり、吉原以外の遊里を岡場所《おかばしょ》といった。吉原にいたのは幕府公認の遊女で、その他の地で活動した遊女は非公認の遊女である。

各街道の宿場は人の往来が多く、旅行者を目当てにした店が立ち並んだ。宿場には、人馬を用意するという特別な役目もあったので、お金がかかった。こうした事情から、宿場の旅籠《はたご》には遊女が置かれることになった。江戸では品川《しながわ》・内藤新宿《ないとうしんじゅく》・板橋《いたばし》・千住《せんじゅ》が「江戸四宿《ししゅく》」と呼ばれ、それぞれに遊女がいた。宿場の遊女を「飯盛女《めしもりおんな》」という。

◀ 品川の飯盛女

品川は宿場町であるとともに港湾都市でもあり、多くの人で賑わった。岡場所を取り締まった幕府も、宿場町の遊女は黙認し、最盛期には品川だけで500人を超える遊女がいた。

(『江戸名所百人美女』 国立国会図書館蔵)

内藤新宿の飯盛女 ▶

現在は日本屈指の繁華街となっている新宿は、江戸時代には内藤新宿と呼ばれた。甲州街道の第一の宿場だが、もともとの第一の宿場は高井戸で、その後に設けられたから「新しい宿場」ということで「新宿」と名付けられた。新宿にも多くの遊女がおり色街として名を馳せた。

(『江戸名所百人美女』 国立国会図書館蔵)

江戸時代、陸路の交通手段は徒歩か駕籠か馬だった。各街道の宿場には多くの馬が通ったため、馬の糞がそこらに落ちており、とくに内藤新宿は馬の糞で有名だった。太田南畝《おおたなんぽ》の『甲駅新話《こうえきしんわ》』には内藤新宿のことを「馬糞中咲菖蒲」と書かれている。「馬糞の中に菖蒲が咲く」という意味で、菖蒲とは遊女のことである。

(『江戸名所百景』歌川広重、国立国会図書館蔵)

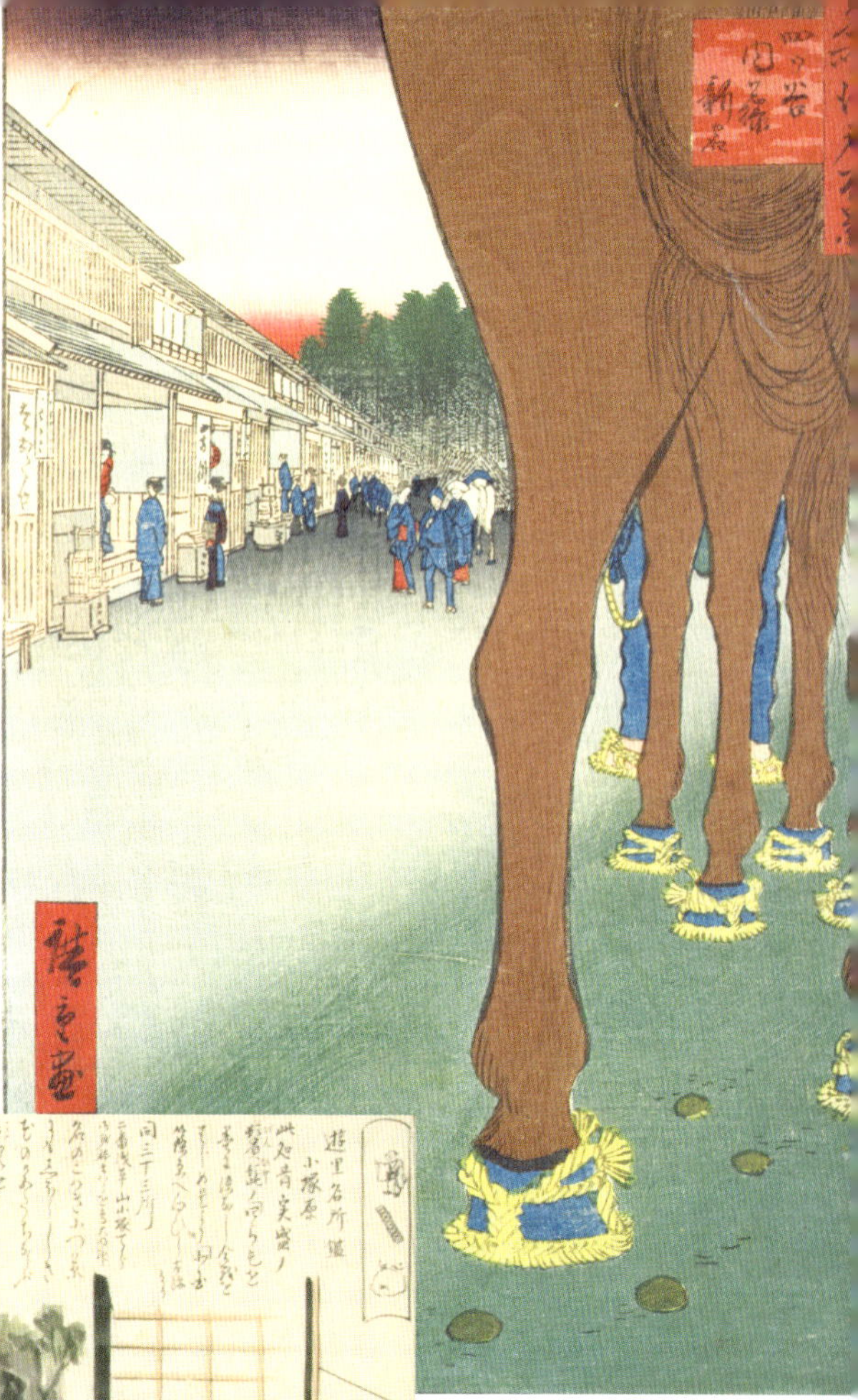

◀ 千住の飯盛女

千住宿の小塚原《こづかはら》の飯盛女。千住宿は隅田川を挟んで北が千住、南が小塚原となっており、どちらにも飯盛旅籠が置かれていた。

(『かくれ閭』国立国会図書館蔵)

全国の遊里を集めた当時の双六。吉原以外の遊里が多数掲載されている。江戸では深川、本所、谷中、浅草などがある。江戸四宿のうち品川、内藤新宿、千住はあるが、板橋だけ不採用となっている。（『諸国花街案内』国立国会図書館蔵）

▲ 三嶋の飯盛女

東海道の三嶋《みしま》宿（駿河《するが》国）にも飯盛旅籠があった。このように飯盛女が店先で身支度を整える光景は、ほかの宿場でもよく見られたという。（『東海道名所風景』月岡芳年、国立国会図書館蔵）

▲ 赤坂の飯盛旅籠

東海道の赤坂《あかさか》宿（三河《みかわ》国）の飯盛旅籠の様子。右側の部屋では飯盛女たちが化粧をしている。太田南畝の『改元紀行《かいげんきこう》』という書には「御油は賤《いや》しく、赤坂はよろし」と書かれており、赤坂宿の飯盛女は御油宿の飯盛女よりも品があったという。

（『東海道名所風景』月岡芳年、国立国会図書館蔵）

▼ 深谷の飯盛旅籠

中山道《なかせんどう》の深谷《ふかや》宿（武蔵《むさし》国）の飯盛旅籠。吉原のように張見世《はりみせ》が行われていたことがわかる。（『木曾街道六十九次』渓斎英泉、国立国会図書館蔵）

宿場以外の岡場所

宿場町の遊女は、幕府公認ではなかったが黙認されており、準公娼といっていい立場にあった。しかし、宿場町以外の岡場所の遊女は私娼であり、幕府の取り締まりの対象となった。

岡場所となるのは、人がたくさんやってくる場所である。江戸時代では、寺社の門前や川沿いがそれにあたった。とくに門前町は町奉行の管轄外だったことから多くの岡場所を生んだ。

江戸の岡場所として有名だったのが深川《ふかがわ》、上野《うえの》、根《ね》津《づ》、芝《しば》、音羽《おとわ》などである。

▲芝神明社

現在の東京都港区芝大門にあった芝神明社（現・芝大神宮）。芝神明社の門前には多くの店が立ち並んだ

◀芝神明宮門前

芝神明社の門前には多くの水茶屋があり、それぞれが遊女を抱え、遊女屋の役割を果たしていた。

▲ **深川の遊女屋**

深川は江戸市内の岡場所のなかでは最高位に位置付けられており、遊女遊びで大いに賑わった。とくに 17 世紀後半に新大橋と永代橋が架けられてからは参詣客も多くなり、遊女屋も繁盛した。一方で、「下りもの」といって上方からの荷物が深川に張り巡らされた水路でおろされた。周辺には江戸市中の商家の蔵が建ち、こうした人々も深川で遊ぶようになった。この図は二階の座敷で遊女と客が騒いでいる様子を描いている。

（『かくれ閭』国立国会図書館蔵）

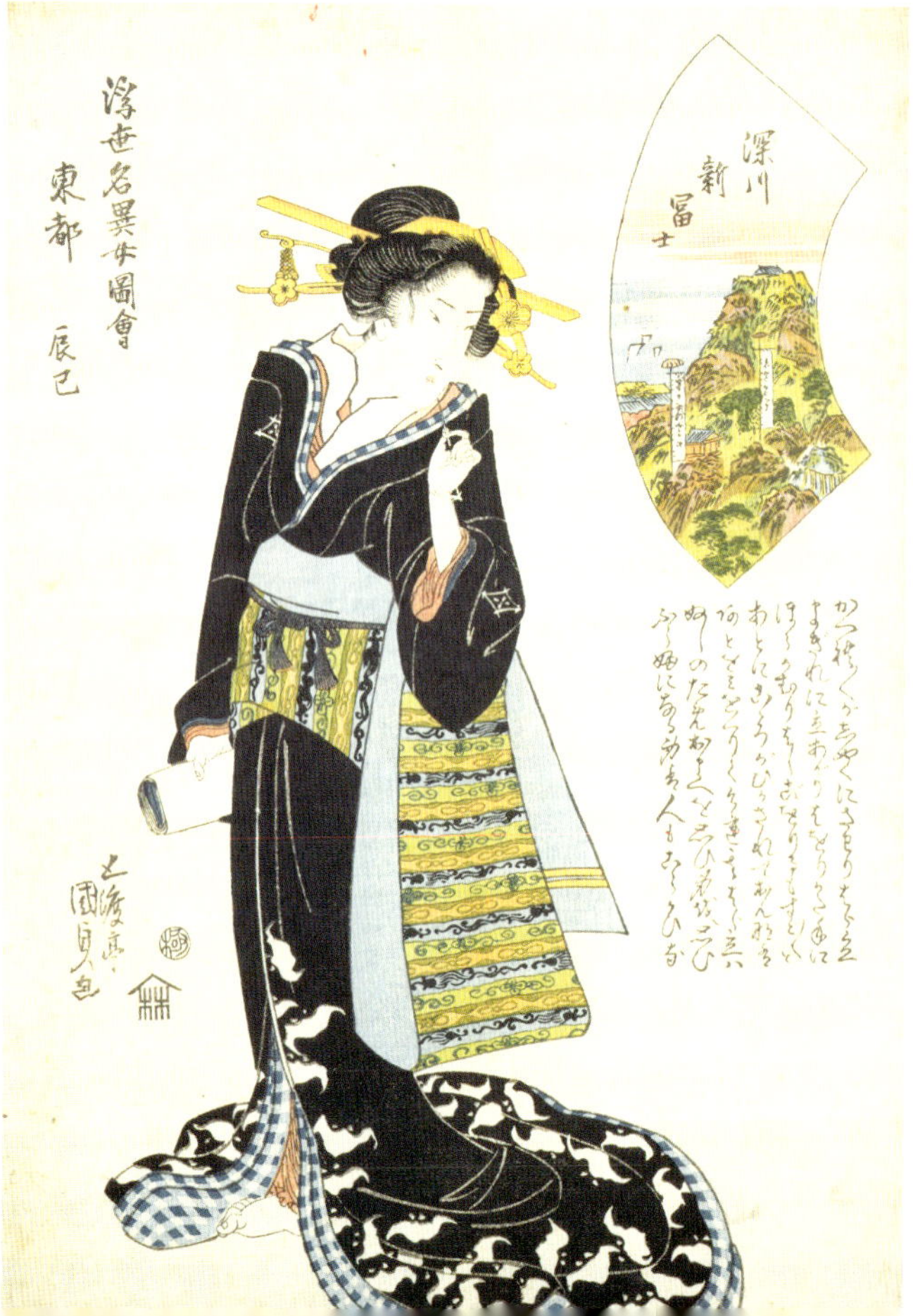

深川の遊女 ▶

深川は富岡八幡宮の門前町であり、かつ海上交通の要衝でもあり、大いに賑わった。遊女とともに芸者も数多くいたようだ。

（『浮世名異女図会』歌川国貞、国立国会図書館蔵）

▲深川石場の遊女

深川には「深川七場所」と呼ばれた岡場所が７カ所あった。この図は、そのなかのひとつ石場《いしば》という岡場所の遊女との情事を描いている。ちなみに、ほかの６カ所は門《もん》前仲町《ぜんなかちょう》、佃《つくだ》、土橋《どばし》、櫓下《やぐらした》、裾継《すそつぎ》、新地《しんち》である。

（『かくれ閨』国立国会図書館蔵）

◀谷中の遊女

現在の東京都台東区谷中《やなか》にも岡場所があった。こちらは寛永寺《かんえいじ》がすぐ近くにあったことから上野とともに岡場所として発展した。谷中の遊女屋の入り口には「いろは」と染め抜かれた暖簾《のれん》がかかっているのが特徴だった。

（『東名所二十八景』２代歌川国盛、国際日本文化研究センター蔵）

◀▼ 上野の遊女

現在の上野公園一帯は、江戸時代、寛永寺の領地だった。寛永寺の門前は火除け地となり住居の建築は禁止されたが、茶屋などは緊急時にすぐ仕舞いにすることを条件に許された。寛永寺は徳川将軍家ゆかりの寺でもあり参詣客も多く、上野広小路・上野山下・下谷《したや》には多くの遊女屋が集まった。なお、上野の遊女のことを俗称で「けころ」と呼んだ。けころとは、「蹴ころがし」のことで、俗に芸者から遊女に「転んだ」（転向した）女性のことをいったという。下の絵は上野の「けころ」を描いたもの。

（『東都上野花見之図』歌川広重、国立国会図書館蔵、『盲文画話』国立国会図書館蔵）

◀ 湯島の遊女（右）

湯島《ゆしま》は上野の近くであること、湯島天神があることから岡場所として賑わった。

（『江戸名所百人美女』歌川国貞、国立国会図書館蔵）

◀ 浅草の茶汲み女（左）

浅草には吉原という公認の遊郭があったが、吉原は交通の便が悪かった。そのため浅草《せんそう》寺《じ》周辺には岡場所が誕生し、参詣客とともに吉原までは行けない客が浅草の岡場所で遊んでいった。

（『江戸名所百人美女』歌川国貞、国立国会図書館蔵）

清水堂
廣重画
佐野喜
佐野喜

江戸名所 百人美女

江戸名所 百人美女

▲櫓下の遊女

櫓下は深川七場所のひとつ。深川は江戸城の東南の方角に位置したことから、深川の遊女は「辰巳《たつみ》遊女」と呼ばれた（東南の方角を「辰巳」というため）。櫓下は表櫓と裏櫓に分かれていた。この図がどちらの櫓下の遊女を描いたものかは不明である。

（『辰巳八景ノ内』部分、歌川国貞、国立国会図書館蔵）

◀音羽の遊女

護国寺の門前町である音羽も岡場所として有名だった。音羽には、下級の遊女屋である「四六見世《しろくみせ》」もあった。

（『かくれ閭』国立国会図書館蔵）

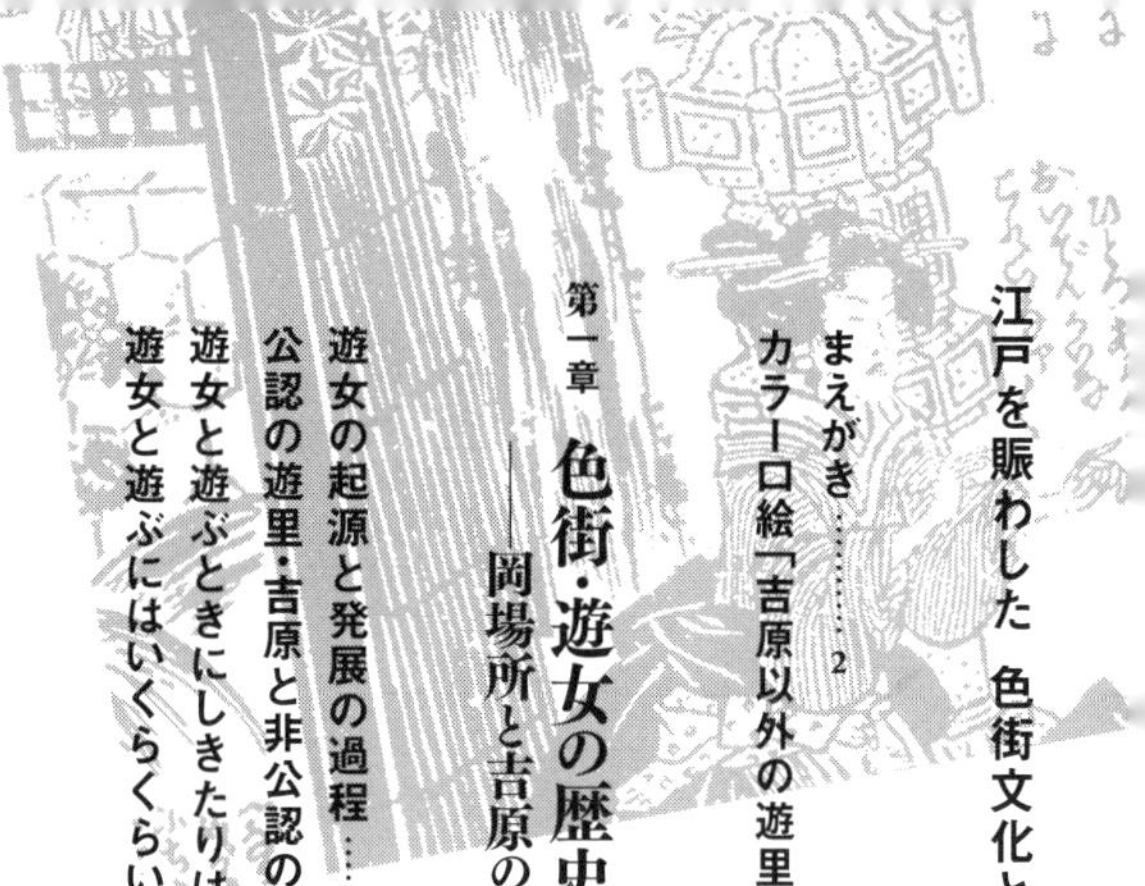

江戸を賑わした 色街文化と遊女の歴史●もくじ

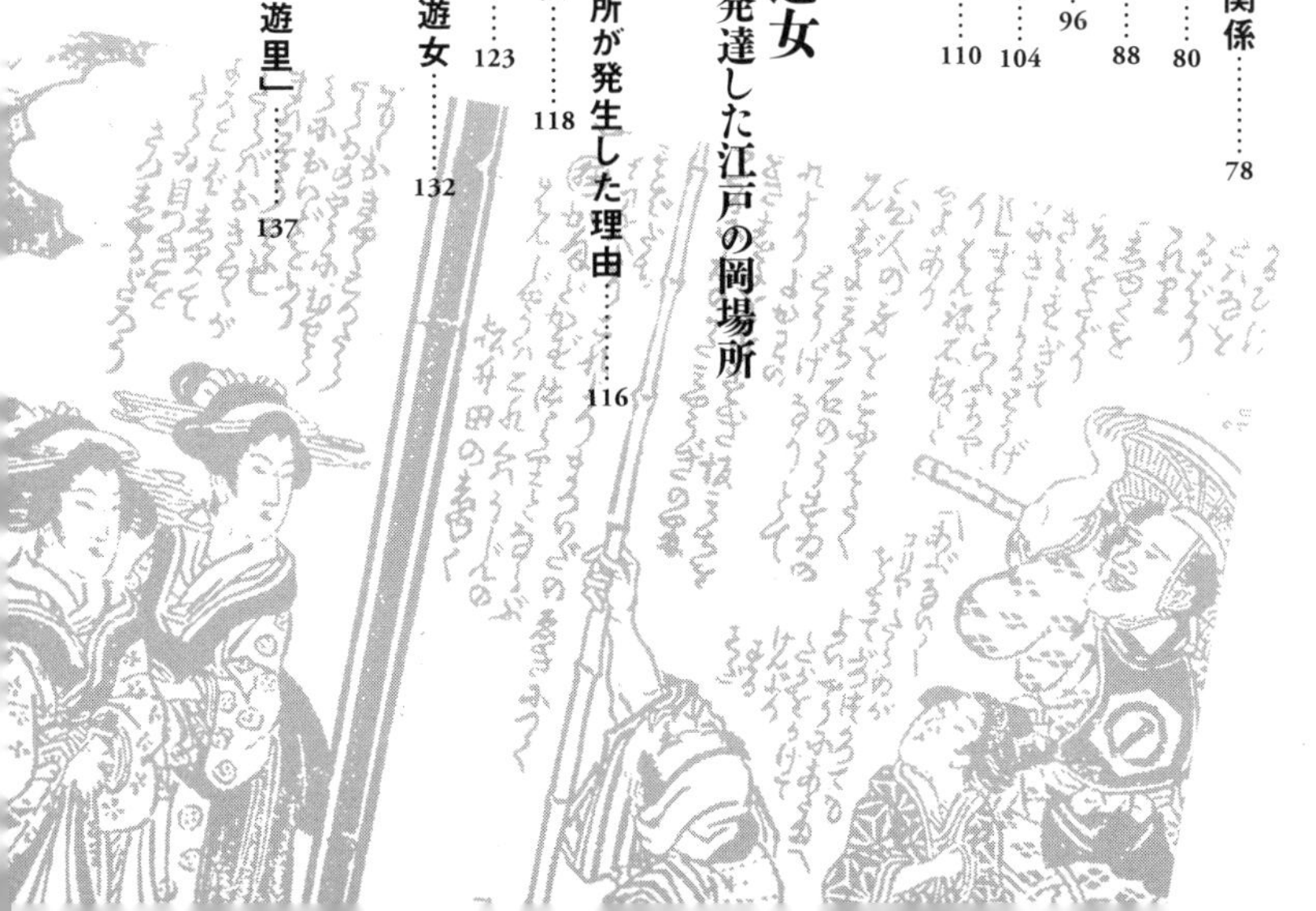

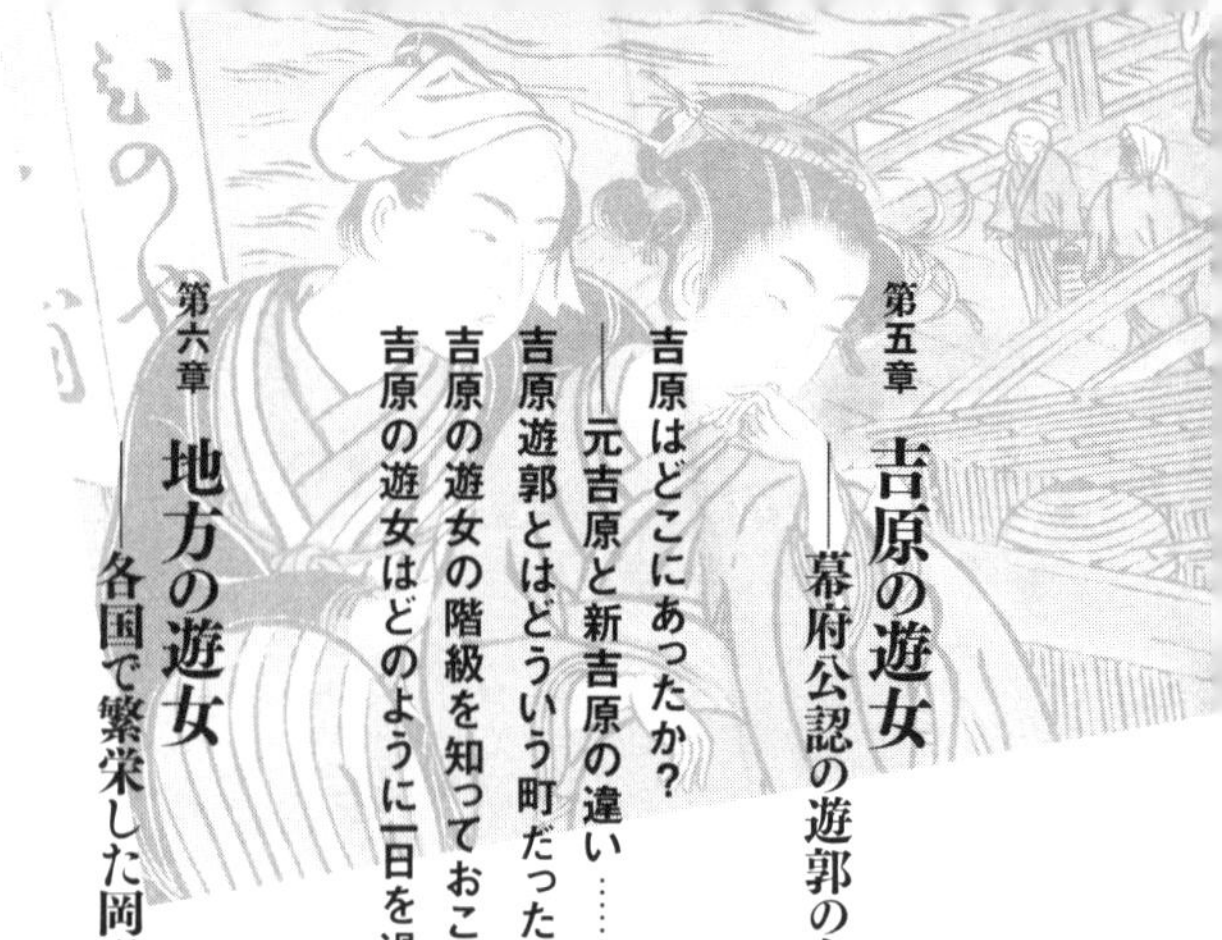

第五章 吉原の遊女
――幕府公認の遊郭の全貌

第六章 地方の遊女
――各国で繁栄した岡場所と遊郭

第七章 陰間茶屋の男娼
――江戸時代の男色事情

第一章

色街・遊女の歴史と風俗
——岡場所と吉原の違い

遊女の起源と発展の過程

❖遊女は平安時代から存在した

体を差し出して、その対価に金銭をもらうという行為は、記録に残っていないだけで、おそらく有史以来行われてきたことと考えていいだろう。記録に残るものとしては、奈良時代後期に成立した『万葉集《まんようしゅう》』に出てくる「遊行女婦」という女性である。「あそびめ」あるいは「うかれめ」と読み、貴族の宴の席に招かれて歌を詠んだり舞を踊ったりした女性である。

平安時代後期になると、京都で「天下に女色《じょしょく》をひけらかして売る」者があらわれ、船に乗って売春を行っていたという。同時期に摂津《せっつ》国江口《えぐち》では、遊女を取りまとめる遊女屋のような存在があったことが『新猿楽記《しんさるがくき》』という書に書かれている。また、「白拍子《しらびょうし》」と呼ばれ、男装して舞い踊る女性がおり、彼女たちも春を売っていた。平清盛《たいらのきよもり》の愛妾《あいしょう》・祇王《ぎおう》や、

鎌倉時代前期の播磨《はりま》国室津《むろつ》の遊女を描いたもの。船に乗って傘を挿しかけられているのが遊女である。船で商売を行っていた。(『法然上人行状画図』)

源《みなもとの》 義経《よしつね》の愛妾・静《しずか》御《ご》前《ぜん》も白拍子出身と伝えられている。

鎌倉幕府は「遊君別当《ゆうくんべっとう》」という役職を作って遊女を取り締まり、室町幕府も「傾城局《けいせいのつぼね》」という機関が遊女を管轄した。室町幕府は遊女から税金を取り立てる代わりに、税金を負担した遊女に官許の鑑札《かんさつ》を与え、公認の遊女とした。

遊女の公認はその後、豊臣秀《とよとみひで》吉《よし》も踏襲し、秀吉は大坂と京都に遊女町を作った。もちろん、ただで許したわけではなく、税金を徴収した。この制度が江戸幕府にも引き継がれ、吉原《よしわら》遊郭の誕生となるわけである。

公認の遊里・吉原と非公認の遊里・岡場所

❖なぜ幕府は吉原を公認の遊郭としたのか

江戸時代になって日本の中心が江戸に移ると、各国から多くの人たちが江戸に集まってきた。しかし、集まってきたのは武士や職人、人足《にんそく》といった男性ばかりで、その結果、江戸の人口は爆発的に増えたものの、男性が圧倒的多数を占めるというアンバランスな人口構成になった。そして、これに目を付けた上方の遊女屋が江戸に移転してきた。

当時、遊女を置く家を傾城屋《けいせいや》といい、江戸時代初期には麹町《こうじまち》・鎌倉河岸《かまくらかし》・京橋角町《きょうばしすみちょう》などに多く存在した。遊女の数も増え、１６０５年（慶長《けいちょう》10）に幕府が遊女百余人を箱根《はこね》以西に追放するという政策を取らざるをえないほど、江戸の傾城屋は大いに繁盛した。

しかし、こうした店が繁盛すると、風紀や防犯上よろしくなく、幕府も対応に困っていた。そんなとき、庄司甚内《しょうじじんない》という者が傾城屋の代表となり、江戸に公認の遊女町をつくりたいと願い出た。遊郭を設置し、遊女と客をそこに囲うことで江戸の治安維持にひと役買うという理屈であった。

幕府は1617年（元和《げんな》3）、江戸の一カ所に限って遊郭の設置を認めた。これが吉原《よしわら》遊郭で、現在の日本橋人形町《にほんばしにんぎょうちょう》あたりが遊郭となった。幕府は遊郭を設置する条件として、吉原以外での遊女屋の開設を禁じた。その後、遊郭は浅草の日本堤《にほんづつみ》に移され、人形町にあった遊郭を「元吉原《もとよしわら》」、新しい遊郭を「吉原」または「新吉原」というようになった。

こうして吉原遊郭が江戸では幕府唯一の公認の遊里《ゆうり》（遊女屋が集まった地域）となり、それ以外の遊里を「岡場所《おかばしょ》」というようになった。幕府公認外ということで「外《ほか》場所」と呼ばれていたことが由来とされている。宿場町の岡場所を「飯盛旅籠《めしもりはたご》」といった。幕府は、吉原を公認している手前、岡場所を取り締まっていった。とくに、風紀の乱れを正し、庶民に倹約を奨励した享保《きょうほう》の改革（1716年～）、寛政《かんせい》の改革（1787年～）、天保《てんぽう》の改革（1841年～）のときは厳しく取り締まり、多くの岡場所が廃絶あるいは断絶した。

しかし、岡場所は絶滅しなかった。江戸のいたるところにあったため根絶やしにすることは困難だったし、なにより江戸庶民の需要があった。岡場所は吉原に比べれば値段は安く、吉原のように面倒な手続きも必要なかったから、庶民や下級武士が利用しやすく、彼らにとって、岡場所は息抜きの場でもあったのである。こうして江戸時代には、公認の遊郭・吉原と、非公認の岡場所という遊里が併存することになったのである。

遊女と遊ぶときにしきたりはあったのか？

❖吉原にあって岡場所になかった「引手茶屋」

吉原では、遊女は遊女屋に所属しており、遊女と遊ぶ際には遊女屋を通さなければならなかった。吉原のなかで一番格式の高い大見世《おおみせ》で遊ぶ場合などは、さらに遊女屋を通す前に引手茶屋《ひきてぢゃや》を通さなければならず、客にとってはお金も余計にかかるうえに手間も増えた（浅草に移る前の日本橋にあったときは「揚屋《あげや》」といった）。しかし、遊女屋にしてみると、引手茶屋が客の代金を立て替えてくれたので、貴重な存在であった。

遊女が遊女屋に所属するのは岡場所もほぼ同じだった。ただし、吉原ほど厳格な店ではなく、吉原のように生活を楼主《ろうしゅ》（遊女屋の経営者）に徹底的に管理されているわけではなかった。岡場所の遊女にとって、遊女屋は場所や衣装を提供してくれる場所だった。

また、品川《しながわ》や内藤新宿《ないとうしんじゅく》、深川《ふかがわ》などには引手茶屋があったが、岡場所で引手茶屋があると

吉原の入り口である大門をくぐってすぐのところにあった引手茶屋「山口巴《やまぐちともえ》屋《や》」の様子。吉原の高級遊女と遊ぶときは引手茶屋を通さなければならなかった。

ころは珍しかった。引手茶屋がなかった分、安かったし、手っ取り早く遊べた。

ただし、夜鷹《よたか》や船《ふね》まんじゅうのように自営業の遊女もおり、彼女たちと遊ぶ場合は遊女屋を通すことなく直接交渉で遊ぶことができた。

❖遊女の選び方

吉原では、遊女が張見世《はりみせ》をして、客は並んで座っている遊女の顔を見て、お気に入りの遊女を選ぶシステムだった。張見世も、吉原では店のランクによって形が違い、いちばん格上の大見世では全面に格子がはめられた「惣籬《そうまがき》」、中見世は向かって右上四分の一くらいが空いている

吉原の張見世

大見世の籬

全面に朱色の格子がはめられている。「惣籬（そうまがき）」という。本来、大見世の遊女は張見世を行わなかったので、当初は支障はなかった。

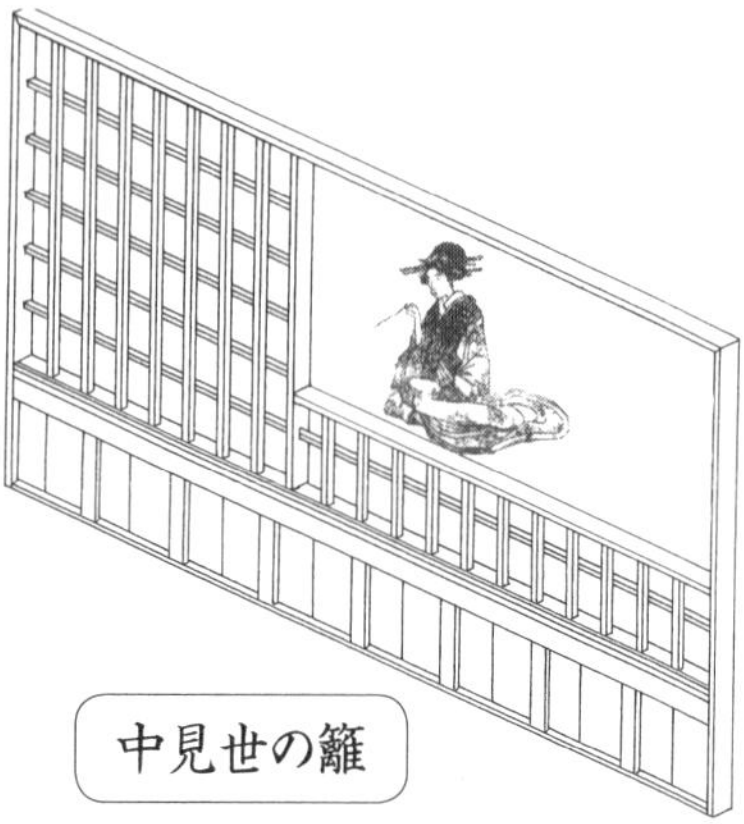

中見世の籬

向かって右上四分の一くらいが空いている籬で、「半籬（はんまがき）」という。

「半籬《はんまがき》」、小見世は下半分だけ格子がはめられた「惣半籬《そうはんまがき》」といった。

一方の岡場所は張見世が禁じられていたので、遊女が店先で客引きをすることも珍しくない光景だった。品川や千住《せんじゅ》など、張見世を行う岡場所もあったが、それは内緒で行った。

❖揚代だけでは遊べない

遊女と一夜をともにするのにも、吉原の場合は面倒なことがあった。岡場所では交渉が成立すれば、すぐに遊ぶことができた。もちろん、客の裁量で酒や食事をとることはあったが、そ

廻し部屋で遊女を待つ吉原の客。このまま遊女が来ないまま夜が明けることもあった。(『穴可至子』)

れに強制力はなかった。しかし、吉原の場合、遊女屋で遊ぶ場合は食事をとることが習わしであり、その際に引手茶屋や遣手《やりて》、禿《かむろ》(遊女見習いの若い女性)などの料理のお金も客が出さなければならなかった。

「廻《まわ》し」というシステムがある。廻しとは、遊女に同時に複数の客をつけることで、2人め以降の客は「廻し部屋」で遊女が来るのを待った。廻し自体は岡場所にもあったが、吉原の場合、遊女が来ないこともあった。しかし、吉原で遊ぶ場合は、遊女が来ないこともプレイのひとつであり、それも吉原遊びのうちと割り切る客のほうが多かったという。

遊女と遊ぶにはいくらくらいかかる?

❖吉原の遊女と遊ぶときの料金

遊女と遊ぶ際の料金を「揚代《あげだい》」という。吉原では、遊女の階級によって揚代が変わった。江戸時代後期の1826年（文政《ぶんせい》9）の史料によると、遊女の最高位「呼出昼三《よびだしちゅうさん》」は金1両1分（約12万5000円）だった。その次の「昼三」は昼夜通しで金3分（7万5000円）、夜だけだと金1分2朱（約3万7500円）。その下の「座敷持《ざしきもち》」は昼夜で金2分（約5万円）、夜だけなら金1分（約2万5000円）。座敷持の下の「部屋持《へやもち》」は、昼夜で金1分、夜だけなら金2朱（約1万2500円）だ。ここまでが「花魁《おいらん》」と呼ばれる遊女である（「部屋持」を含めない場合もある）。

それ以外の遊女は、局見世《つぼねみせ》（切見世《きりみせ》）を除いて金1分～金2朱となっていた。局見世とは、吉原の裏通りに見世を開いていた最下級の遊女で、揚代は100文（金2朱の5分の

江戸時代の貨幣の換算

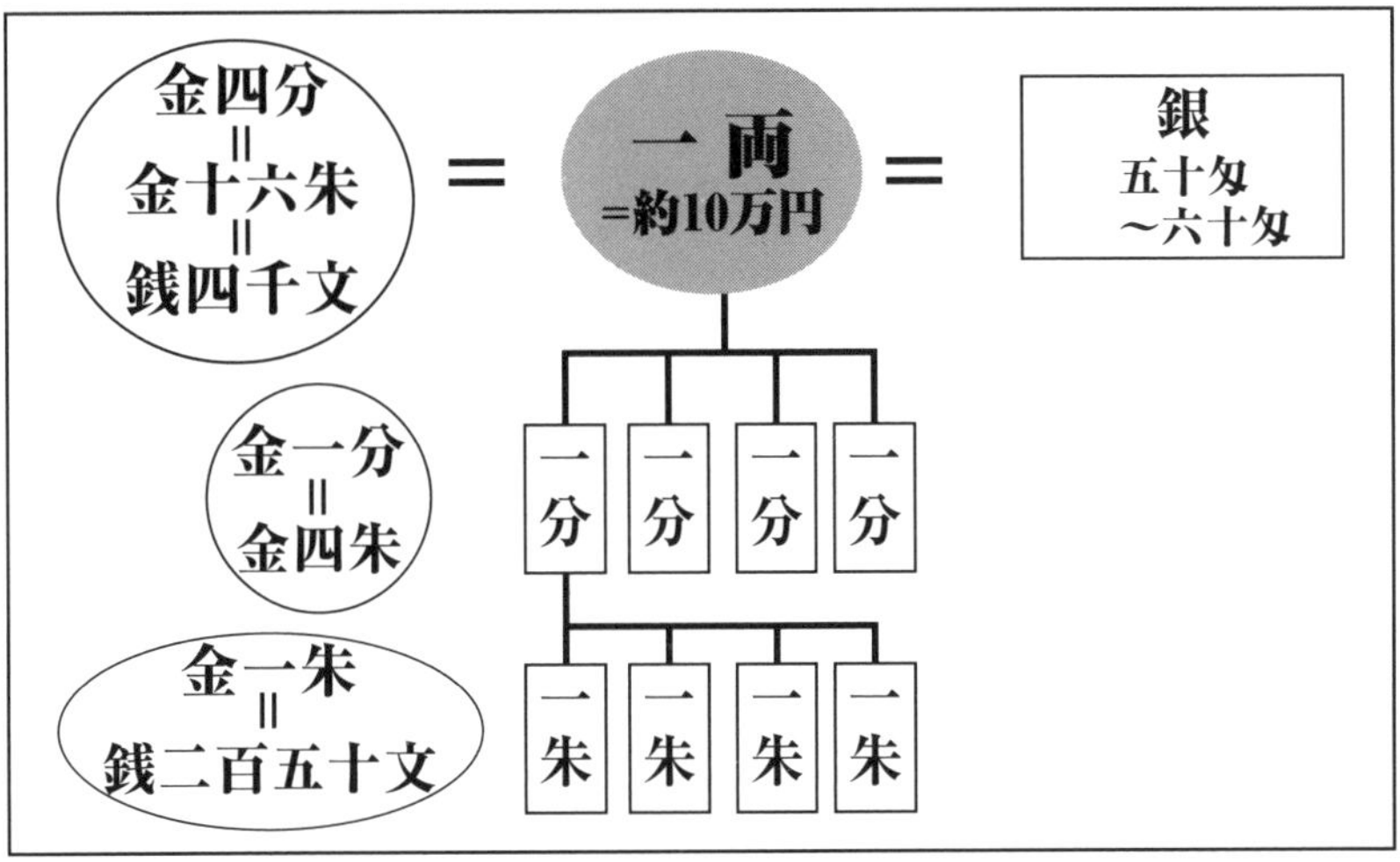

１、約２５００円）が相場だった。

吉原で遊ぶ場合、揚代だけでなく、引手茶屋に支払う金、遣手《やりて》や遊女屋などに渡す祝儀、遊女と一緒に食べるための料理代など追加でかかる金も多く、ときには揚代の倍以上の金が必要となることもあった。

１両はだいたい現代の10万円とするのが相場なので、呼出昼三と遊ぶには10万円以上が必要だったことになる。なお、１両は４分、１分は４朱、１朱は２５０文である。

❖岡場所の料金は千差万別

一方の岡場所は当然、場所によって揚代が違ってくる。たとえば、上野周辺では２００文～金２朱、芝《しば》・麻布《あざぶ》だと金１

比丘尼とは尼僧のことだが、比丘尼の格好を装って売春活動を行っていたのが「売比丘尼」という遊女である。（『好色一代能』）

分、両国《りょうごく》・本所《ほんじょ》あたりの遊女は金2朱～金1分といった具合だ。

日本橋《にほんばし》あたりにいた流しの売春婦である売比丘尼《うりびくに》は100文（約2500円）、夜鷹《よたか》や船《ふね》まんじゅうといった下級遊女は32文（約800円）という破格の安さだった。岡場所でも格上とされた品川でも銀4匁（約金1朱）～10匁（約金2・5朱）と、吉原よりは安く遊ぶことができた。

第二章

宿場町の遊女

――交通の要地として発展した岡場所

宿場町が遊里として栄えたわけ

江戸時代に整備された五街道《ごかいどう》と脇往還《わきおうかん》には、各所に宿駅《しゅくえき》が置かれた。宿駅には幕府の方針により人馬と宿泊施設（旅籠《はたご》）が用意され、宿駅は交通の要衝となり、その周辺は宿場町として発展していった。

町になれば娯楽を提供する店が進出してくるのは世の常で、宿場町にはやがて「飯盛《めしもり》旅籠」と呼ばれる宿泊施設が誕生した。飯盛旅籠とは、飯盛女《めしもりおんな》という遊女を置き、客に春を売る店である。

幕府は江戸の吉原《よしわら》をはじめ公認の遊郭をつくったため、そのほかの私娼は厳しく取り締まった。公認の遊郭以外で私娼が商売していたところを「岡場所《おかばしょ》」といい、宿場町も岡場所のひとつである。

しかし、幕府の取り締まりにもかかわらず、宿場町の売春は衰えることはなかった。幕府は宿駅に人馬と宿泊施設の提供を義務付けたが、人馬の提供が宿駅にとっては大きな経済的負担となっていたからである。

人馬の提供は幕府の制度上、重要な役割を果たしていたため、やがて幕府も飯盛旅籠と飯盛女を黙認せざるを得なくなった。1軒の飯盛旅籠につき二人までの飯盛女を置くことを許したのである。これにより「宿場町＝遊里」というイメージがさらに浸透したといえる。

その後、1軒につき二人という規制も緩和され、江戸四宿《ししゅく》でいえば品《しな》川《がわ》宿は500人、内藤新宿《ないとうしんじゅく》は250人、板橋《いたばし》宿と千住《せんじゅ》宿は150人までの飯盛女を置くことが許され、遊里として発展していった。

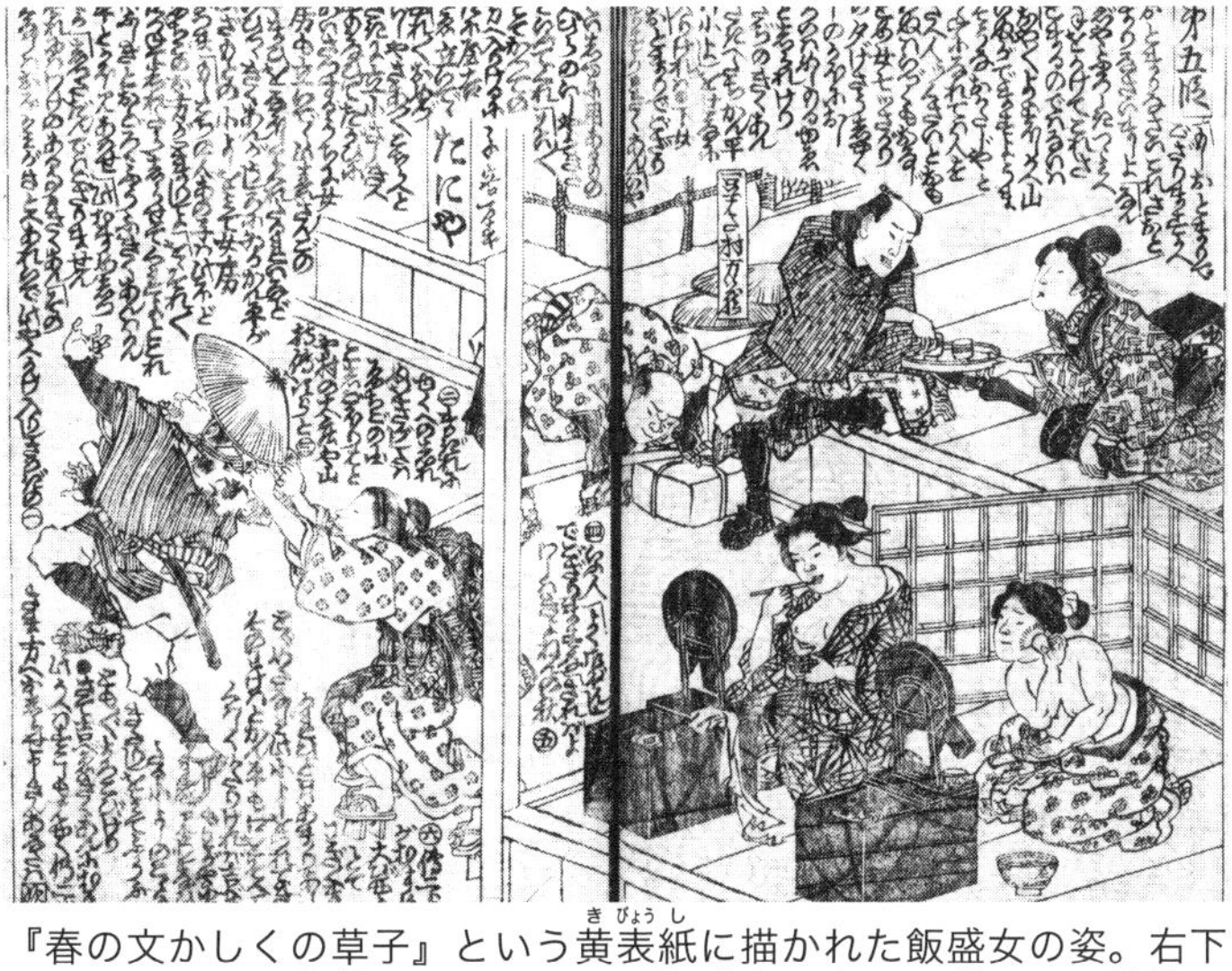

『春の文かしくの草子』という黄表紙《きびょうし》に描かれた飯盛女の姿。右下で肌をあらわに化粧をしているのが飯盛女である。外では、旅籠の従業員が道行く旅人を強引に店に連れ込もうとしている。

吉原に匹敵するにぎわいを見せた遊里

品川宿の遊女

東海道の第一宿であり、港町としても栄えた品川には500人もの遊女がいたという。

東海道の第一宿として多くの遊女が集う

江戸時代、「北の吉原、辰巳《たつみ》の深川《ふかがわ》、南の品川」と呼ばれた地域がある。辰巳とは方角を表す言葉で、東南のことだ。この3カ所は、江戸では有名な遊里であり、品川は吉原と並ぶほどの遊里だった。五街道のなかでもいちばん交通量の多い東海道《とうかいどう》の宿場だったことと、もともと港町として栄えていたことも、遊里として賑わった理由だった。

1775年（安永《あんえい》3）に発行された『婦美車紫鹿子《ふみぐるまむらさきかのこ》』という洒落本《しゃれぼん》に、当時の遊里をランク付けしたものがある。1位を意味する「上品上生《じょうぼんじょうしょう》」はもちろん吉原で、2位にあたる「上品《じょうぼん》中生《ちゅうしょう》」に品川がランクインしている。

上品上生は吉原以外に浅草馬道《あさくさうまみち》だけなので、品川は当時、岡場所としては最高位にあったといえる。『婦美車紫鹿子』は洒落本であり、このランキングも著者の個人的なものであるが、

品川宿の遊女を描いた浮世絵。幕府に黙認されていたとはいえ、華美な服装は禁じられていたので吉原の遊女よりも格好は地味である。品川宿は海沿いにあったため、海を眺めながら客は楽しんだ。（「美南見十二候」鳥居清長）

江戸時代後期の品川周辺絵図

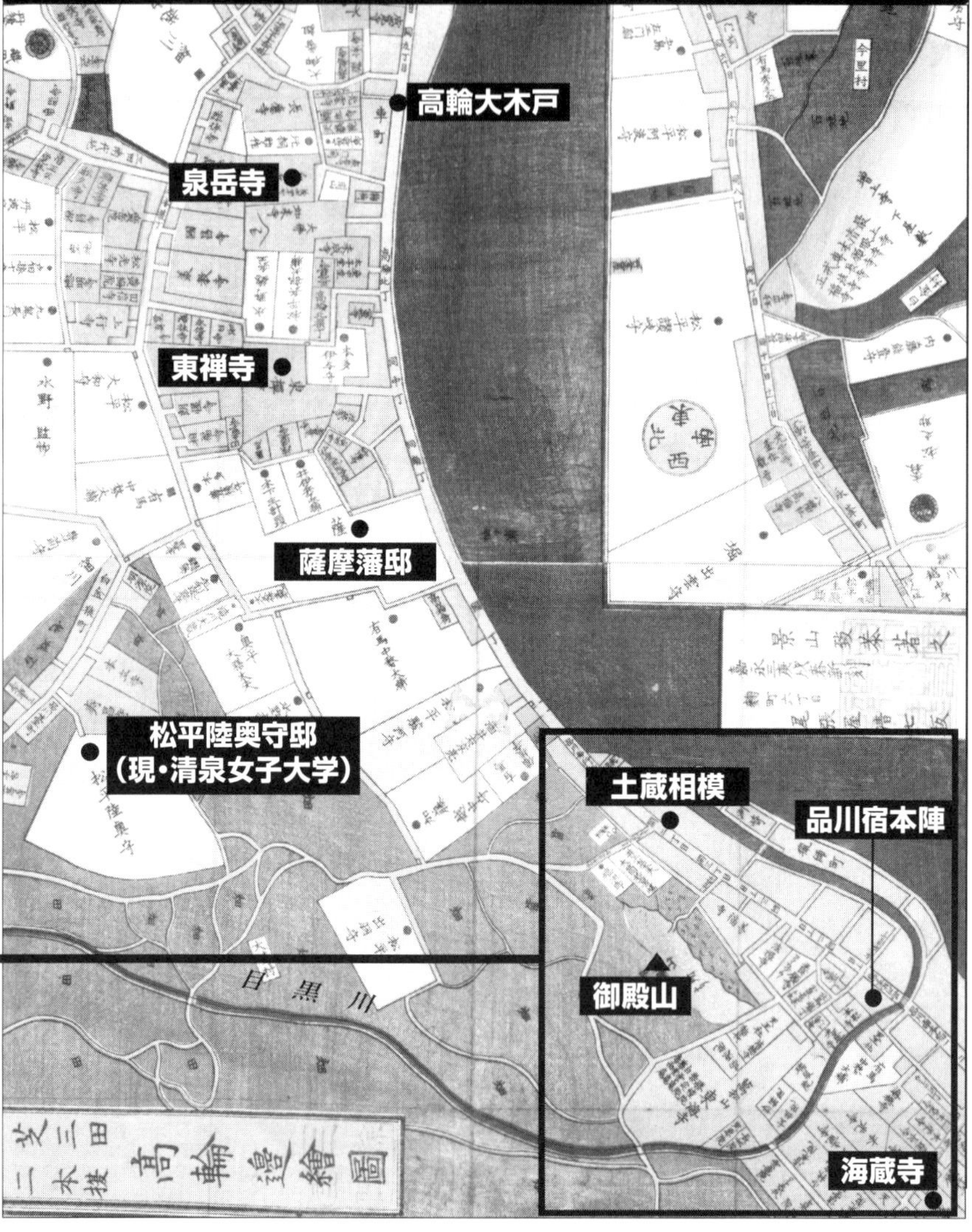

江戸時代後半の品川付近の切絵図（国立国会図書館蔵）。東海道第一の宿場として繁栄し、江戸のなかでも吉原に次いで遊女が多い町だった。

御殿山《ごてんやま》から品川宿本陣あたりを望む。本陣の向こう側は当時、一面の海が広がっていた。(『五十三次名所図会之内品川』より。国立国会図書館蔵)

現在の京浜急行本線の北品川駅から品川宿本陣跡あたりまでの旧東海道沿いが、江戸時代当時の遊里だったところ。第一京浜沿いにある海蔵寺は、遊女たちを葬った投げ込み寺である。

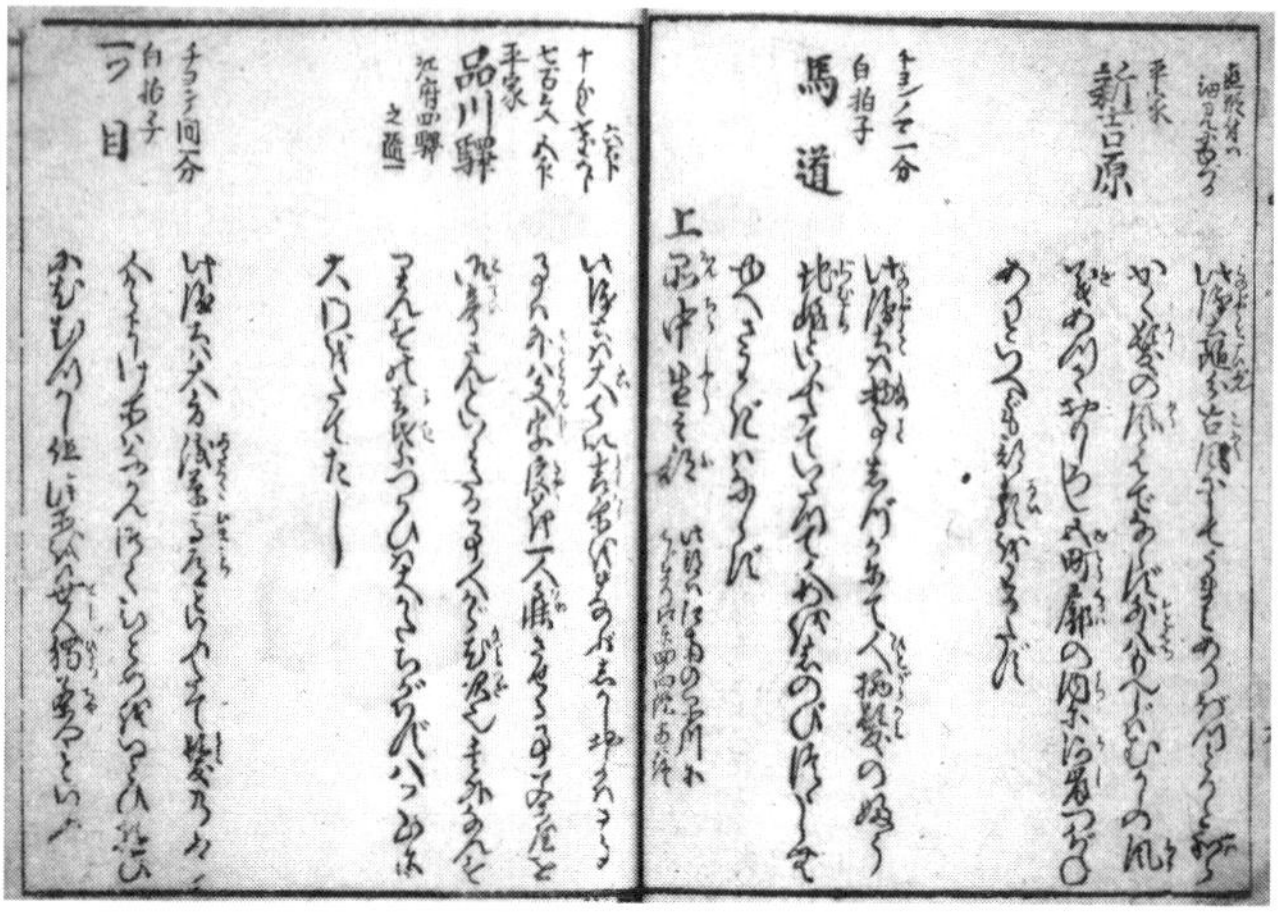

『婦美車紫鹿子』の遊里ランキングのページ。「品川」のところには「大てい吉原をまなぶ、しかしおよばざることは外八文字、客を一人寝させる事、茶屋を御亭さんといはざる事、人がら尤次也。其外なんすりんすの言葉づかひは、大かたちがはず、八ツ山に大門をたてたし」と書かれている。

ひとつの参考にはなるだろう。

江戸時代初期の慶長《けいちょう》年間、まだ吉原遊郭がなかった頃の時代に、駿河《するが》国の元吉原《もとよしわら》（現在の静岡県富士市東部）にあった娼家25件が江戸で商売をするために下向してきた。彼らは江戸城下に入ろうとしたが、いきなり城下に入ると幕府からお咎めがあるかもしれないと考え、その手前の品川近くの荒井《あらい》の浜辺で開業することにした。

その後、元吉原に遊郭が作られた際に、荒井の娼家もそちらに移ったので荒井の娼家は廃絶したが、そのときの遊女の気風が品川に受け継がれたといい、品川の飯盛女は格調が高かったともいわれる。

吉原のように店にランクがあり揚代も違った

品川の飯盛旅籠は吉原のように、所属する遊女のランクによって「大見世《おおみせ》」「中見世《ちゅうみせ》」「小見世《しょうみせ》」

品川の飯盛旅籠の種類

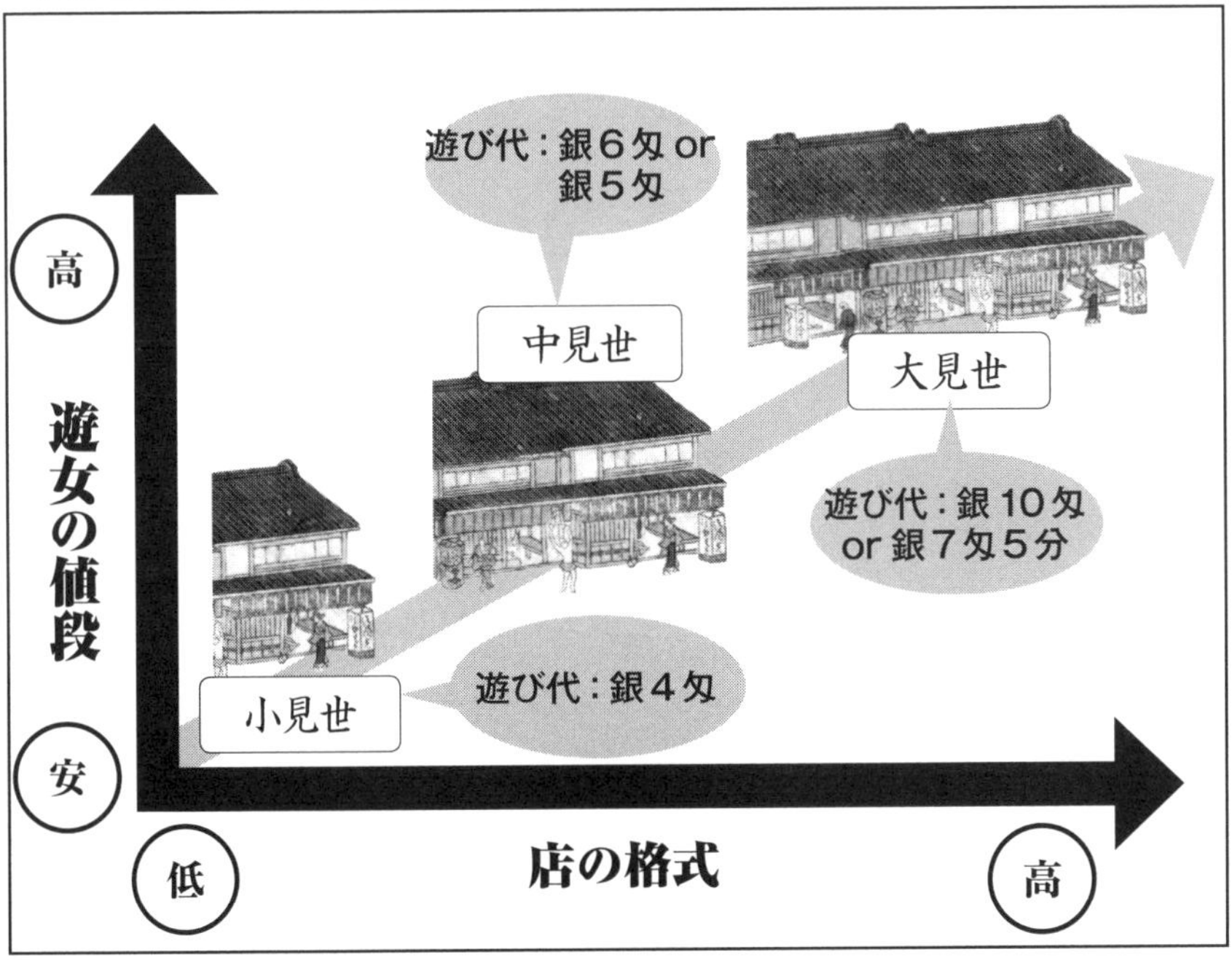

に分けられていた。大見世の遊女は銀10匁《もんめ》（約660文）か銀7匁《もんめ》5分《ふん》（＝金2朱、約500文）、中見世は銀6匁（約400文）か5匁（約330文）、小見世は銀4匁（約260文）だった。

現在の価値に換算すると、銀10匁はだいたい1万円くらい、7匁5分は約8000円、銀5匁は5000円ほどである。

1852年（嘉永《かえい》5）に出版された『品川細見《さいけん》』という本に、当時の品川の飯盛女の数が掲載されている。それによると、大見世に94人、中見世に340人、小見世に65人がいた。合わせて499人である。しかし、これは見せかけの数字である。当時、品川の飯盛女の数は500人までと決められていたから辻褄を合わせただけで、実際はこの3倍はいたと考えられている。

品川の飯盛旅籠では、吉原と同様に「張見世《はりみせ》」が行われていた。道行く人に遊女が顔を見せていたわけだ。しかし、飯盛女は幕府に正式に認められていたわけではないので、表からは見えない奥の部屋に飯盛女が並んでいた。このとき、吉原では格上の遊女が中央に座ったが、品川では両端に座った遊女のほうが格上だった。また、『婦美車紫鹿子』に「大てい吉原をまなぶ」と書かれているように、「裏を返す」（二度目に店に行ったときに前回と同じ遊女を指名すること）などのシステムも導入されていたという。

品川の客は「坊主が5分、武士が3分」

品川の客を表す言葉に、「品川の客にんべんのあるとなし」という川柳がある。品川宿の近くには薩摩《さつま》藩を筆頭に大名屋敷が多くあり、また寺院も多かった。そのため、武士（侍）と僧侶（寺）が品川の飯盛旅籠を利用することが多かった。つまり、にんべんのあるのが「侍」で、にんべんのないのが「寺」というわけだ。『婦美車紫鹿子』によると、客の半分が僧侶で、3割が武士、残りの2割が町人だったという。

僧侶は表向きは女郎買いなどできないから、途中で変装してから通うことになる。「高輪《たかなわ》は

土蔵相模の古写真。品川宿のなかでもとくに繁盛したといわれる旅籠。幕末の志士が利用したことでも有名だ。

土蔵相模跡（東京都品川区）。現在は案内を示す石碑が建っているだけで当時の面影はない。

仏の姿おいて行く」という川柳があるが、多くの僧侶が品川宿の手前の高輪で袈裟《けさ》を脱ぎ、医者などに変装したのである。そして帰りは、「朝帰り高輪からは出家なり」という様子になるのである。

武士が通った有名な飯盛旅籠に「相模《さがみ》屋」がある。海鼠《なまこ》塗りの壁が特徴的だったため「土蔵《どぞう》相模《さがみ》」と呼ばれた旅籠で、幕末には薩摩藩関係の志士たちが利用した。長州《ちょうしゅう》藩の高杉晋作《たかすぎしんさく》は常連だったといわれており、高杉が御殿山《ごてんやま》に置かれていたイギリスの仮公使館を焼き討ちした際も、もしかしたらここで密議をこらしたのかもしれない。

安永《あんえい》から天明《てんめい》にかけて品川は最盛期を迎え、佐渡《さど》屋の栄山《さかえやま》、蔵田《くらた》の雛菊《ひなぎく》、柏《かしわ》屋の難波《なにわ》、津《つ》の国《くに》のなをえ、新松坂《しんまつざか》の此春《このはる》、ときわ屋の唐歌《からうた》など、江戸で有名になった遊女が多数輩出した。

吉原・品川よりも栄えた色街

内藤新宿の遊女

甲州街道の第一宿。享保年間に廃宿になるが、その後に復活した。

甲州街道の第一宿となるが いったん廃宿させられる

内藤新宿は甲州街道《こうしゅうかいどう》の第一の宿場だが、宿場町になったのは１６９８年（元禄《げんろく》11）のことで、ほかの三つの宿場町（品川、千住、板橋）に比べると90年ほど遅れてのスタートだった。もともと甲州街道の一番目の宿場は高井戸《たかいど》（現在の杉並《すぎなみ》区高井戸）にあった。しかし、日本橋《にほんばし》から高井戸は４里ほどあり、少し遠いということになり、新宿が新たな宿場町となったのである。新しい宿場だから「新宿」という地名になり、当時は内藤《ないとう》町といわれていたので、「内藤新宿」と呼ばれた。宿場町となった内藤新宿には旅籠が建てられ、飯盛女を置くことも黙認された。しかし１７１８年（享保《きょうほう》３）、新設からわずか20年で内藤新宿は突然、廃宿の憂き目にあう。

その後、かつての旅籠の経営者が何度も再興を陳情し、廃宿から50年以上経った１７７２年（明和《めいわ》９）、ようやく再開の許可がおりた。当時は田沼意次《たぬまおきつぐ》が老中《ろうじゅう》として政権を握り、革新的な経済政策によって資本主義化が進み、景気も上向いている時代だった。物資の流通が盛んになるのにともない、交通の要衝だった新宿あたりも栄えはじめていた。

宿場町として再開すると旅籠も戻ってきて、廃宿前に29軒だった旅籠は38軒まで増えた。新宿が遊里として繁栄したのはこれ以降のことだ。再開直後の1774年（安永《あんえい》3）の評価は、

幕末期の内藤新宿の飯盛女を描いた浮世絵。大きなかんざしをつけている点では吉原の遊女並みだが、布団の枚数も厚さも吉原には遠く及ばない。（『江戸名所百人美女』歌川国貞（初代）・歌川国久）

江戸時代後期の内藤新宿周辺絵図

江戸時代後半の内藤新宿付近の切絵図（国立国会図書館蔵）。大まかに上宿・中宿・下宿に分けられ、上宿と中宿に遊女屋が集中していた。下宿はどちらかというと引手茶屋が多かった。

甲州街道の第一の宿場である内藤新宿には多くの旅行者が往来した。旅籠の女性が道行く人々と声をかけ合っている様子が描かれている。(『江戸名所図会』)

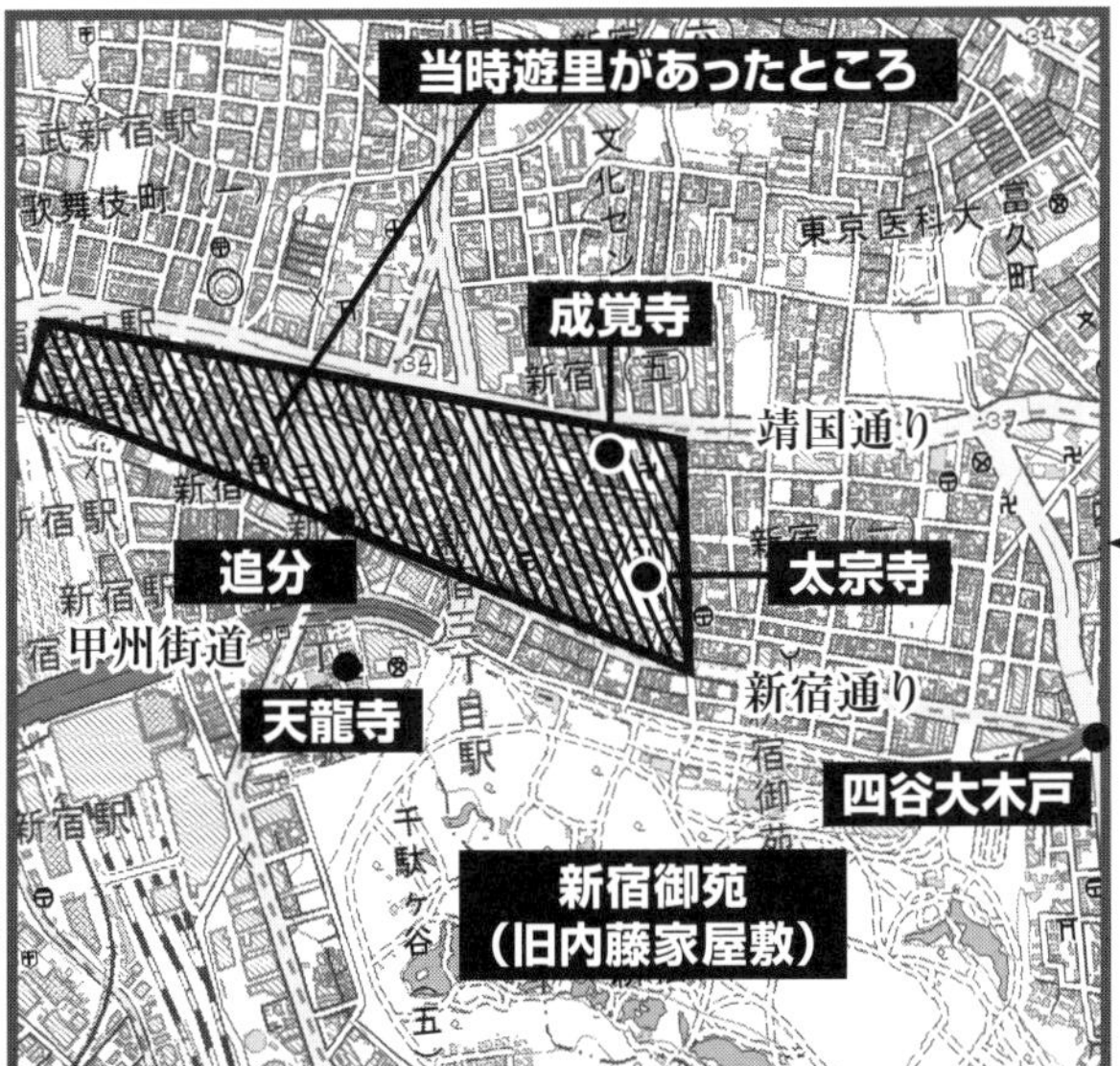

靖国通りと新宿通りにはさまれた区域がかつての遊里だったところ。成覚寺は遊女たちの投げ込み寺である。太宗寺には遊女たちの商売神だった「奪衣婆《だつえば》像」がある。

歌川広重が内藤新宿の玉川上水沿いの様子を描いた錦絵（『玉川堤の花』）。ある旅籠の宣伝のために描かれたともいわれる。傘をさしているのが内藤新宿の飯盛女だと思われる。

『婦美車紫鹿子《ふみぐるまむらさきかのこ》』では「芝、品川、三田《みた》あるいは深川などから遊女が入り込み、いまだ風俗きわまらず。たいていは品川を学ぶが、人柄及ばず」となっている。システムや揚代などは品川にならっているが、遊女の格は品川には及ばないということだ。

しかし、交通量が増えたことで徐々に栄えていき、1808年（文化《ぶんか》5）には旅籠が50軒超も並び立つほどの遊里に成長した。同時期の『江戸図解集覧《えどずかいしゅうらん》』という史料には、当時の新宿は「南北の国よりにぎわふ所」だったと書かれている。南は品川、北は吉原のことだ。「吉原は蝶《ちょう》　新宿は虻《あぶ》が舞《ま》ひ」という川柳があるように、当然新宿の遊女は吉原よりも格下だったが、町全体でいえば吉原よりも新宿のほうが賑わっていたのである。

街が発展するといろいろな店が進出してくる

のは世の常で、新宿にも足袋《たび》屋、髪結《かみゆ》い（旅で乱れた髪を整えてくれる店）、饂飩《うどん》屋、豆腐屋、酒屋など、さまざまな店が立ち並ぶようになり、町としてますます発展していった。

吉原の場合、客は引手茶屋《ひきてぢゃや》という仲介屋を通さなければ遊女と遊ぶことはできなかったが、岡場所ではこういう制度はほぼ採用されていなかった。しかし、新宿では引手茶屋制度があり、文化年間（１８０４〜１８１８年）には80軒の引手茶屋があったという。つまり、新宿では遊女と遊ぶときには引手茶屋を通さなければならなかったというわけである。

新宿の飯盛女の遊び代は銀10匁《もんめ》（約１万円）か、銀７匁《もんめ》５分《ふん》（約８０００円）が相場だった。

色街こぼれ話

内藤新宿がいったん廃宿になった理由とは？

表向きは旅人が少ないからという理由だが、実は近くの四谷大番町《よつやおおばんちょう》に住む旗本《はたもと》・内藤新五左衛門《しんござえもん》が取り潰しを幕府に依頼したのだという。

彼の弟が新宿の旅籠・信濃《しなの》屋とけんかをし、下男に殴打されて帰ってきた。これを武士の恥と怒った新五左衛門は弟を切腹させると、その首を持って大目付《おおめつけ》のもとに行き、自分の知行と引き換えに新宿の遊里を取り潰してほしいと頼んだのだ。これが質素倹約を旨とする「享保の改革」を推進中だった将軍・徳川吉宗《とくがわよしむね》に伝わり、新宿はわずか20年で廃宿となったのである。

中山道へ行く人と帰る人の憩いの町

板橋宿の遊女

中山道の第一宿。品川や新宿よりは格が落ちたが、公認以上の飯盛女を抱えていた。

元禄・宝永に最盛期を迎えた板橋宿

板橋宿は中山道《なかせんどう》で最初の宿で、参勤交代《さんきんこうたい》が行われるようになると、30家の大名が中山道を使うようになり、板橋宿も発展した。１８３１年（天保《てんぽう》2）の『宿方明細書上帳《やどかためいさいかきあげちょう》』によれば、本《ほん》陣《じん》1軒、脇本陣《わきほんじん》3軒、旅籠が大35軒、中12軒、小54軒あり、人口も女性のほうが１・３倍ほど多かったという。本陣とは大名が使用する宿泊施設で、脇本陣は本陣が使えない場合に使われた宿泊施設である。本陣は大名以外の使用は許されなかったが、脇本陣は大名がいないときは一般にも使用されていた。宿場内は入り口から、平尾《ひらお》宿、中《なか》宿、上《かみ》宿の三つに分かれ、中宿と上宿の間に橋が架かっており、この橋を板橋と呼んだ。

板橋宿の飯盛旅籠は、平尾宿にもっとも多く、「出女《でおんな》」「オジャレ」と呼ばれた私娼が出入りしていた。雨になると次宿の蕨《わらび》宿手前を流れる戸田川《とだがわ》の増水で渡し船の運航が中止となり、飯

板橋宿は中山道の第一の宿場として栄え、飯盛旅籠には多くの飯盛女がいた。しかし、江戸のはずれという地理的な条件もあったのか、遊里としては品川や新宿よりは格下と見られていた。当時の史料には「言葉づかひ田舎めいておかしみ有」とも書かれている。

盛旅籠はいっそう繁盛した。そういう場合、飯盛女は複数の客を相手にする廻《まわ》しを行った。廻しは一刻制、半刻制のどちらかで行われた。

板橋宿は、元禄《げんろく》から宝永《ほうえい》（1688〜1711年）にかけて最盛期を迎えた。しかし、1716年（享保《きょうほう》1）からはじまった享保の改革で、それまでゆるかった飯盛旅籠の取り締まりが厳しくなった。1718年(享保3)、飯盛女は旅籠1軒につき2名まで、道中奉行《どうちゅうぶぎょう》に届け出た以外の建物は撤去するようお触れが出て、板橋宿でも対応に迫られた。

その対応策として、裏階段を使用する部屋や、廊下越しの離れ座敷で稼いでいた飯盛旅籠は、取り壊さなければならなくなった部屋に下女《げじょ》を1人ずつ配置し、これを土地の有力者の妾とした。しかし、それは幕府の規制を逃れるための建前上の措置で、実際はその部

江戸時代後期の板橋宿周辺絵図

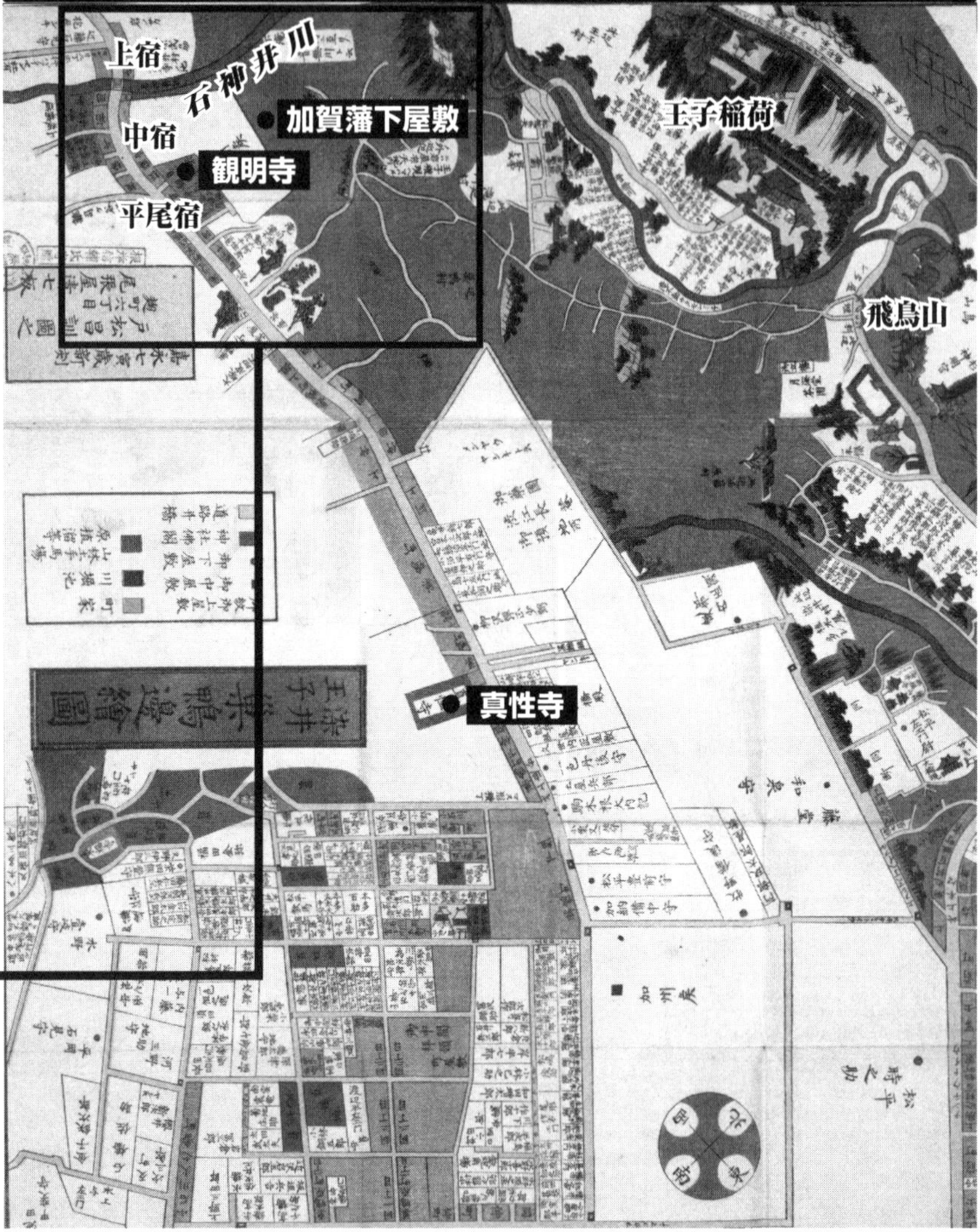

江戸時代後半の巣鴨周辺の切絵図（国立国会図書館蔵）。板橋は四宿のひとつではあったものの、隅のほうに描かれているだけだ。上宿・中宿・平尾宿と名付けられたところが板橋宿になる。

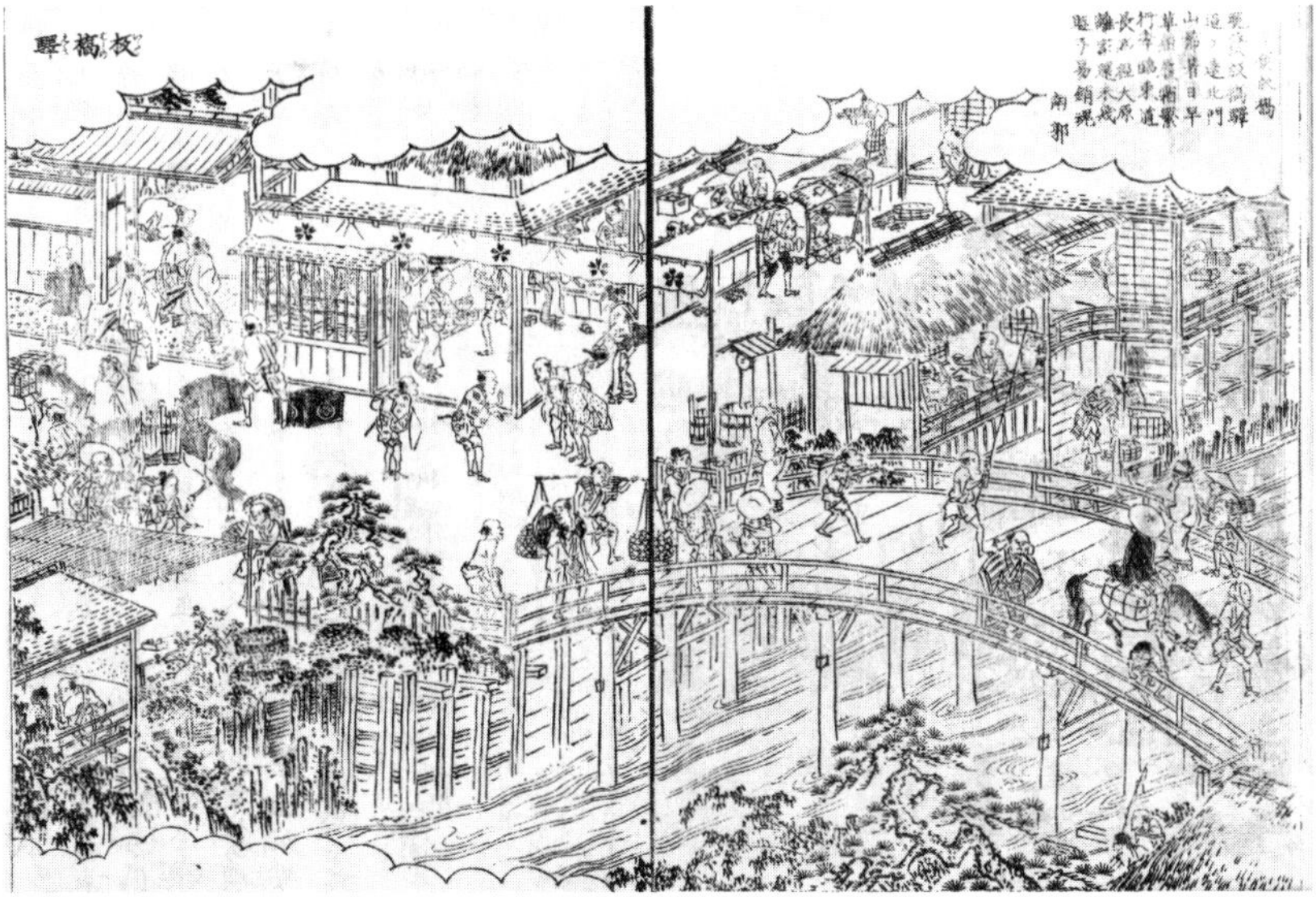

江戸時代の板橋宿の様子を描いたもの。上宿と中宿の境に架けられたのが「板橋」という橋だ。(『江戸名所図会』)

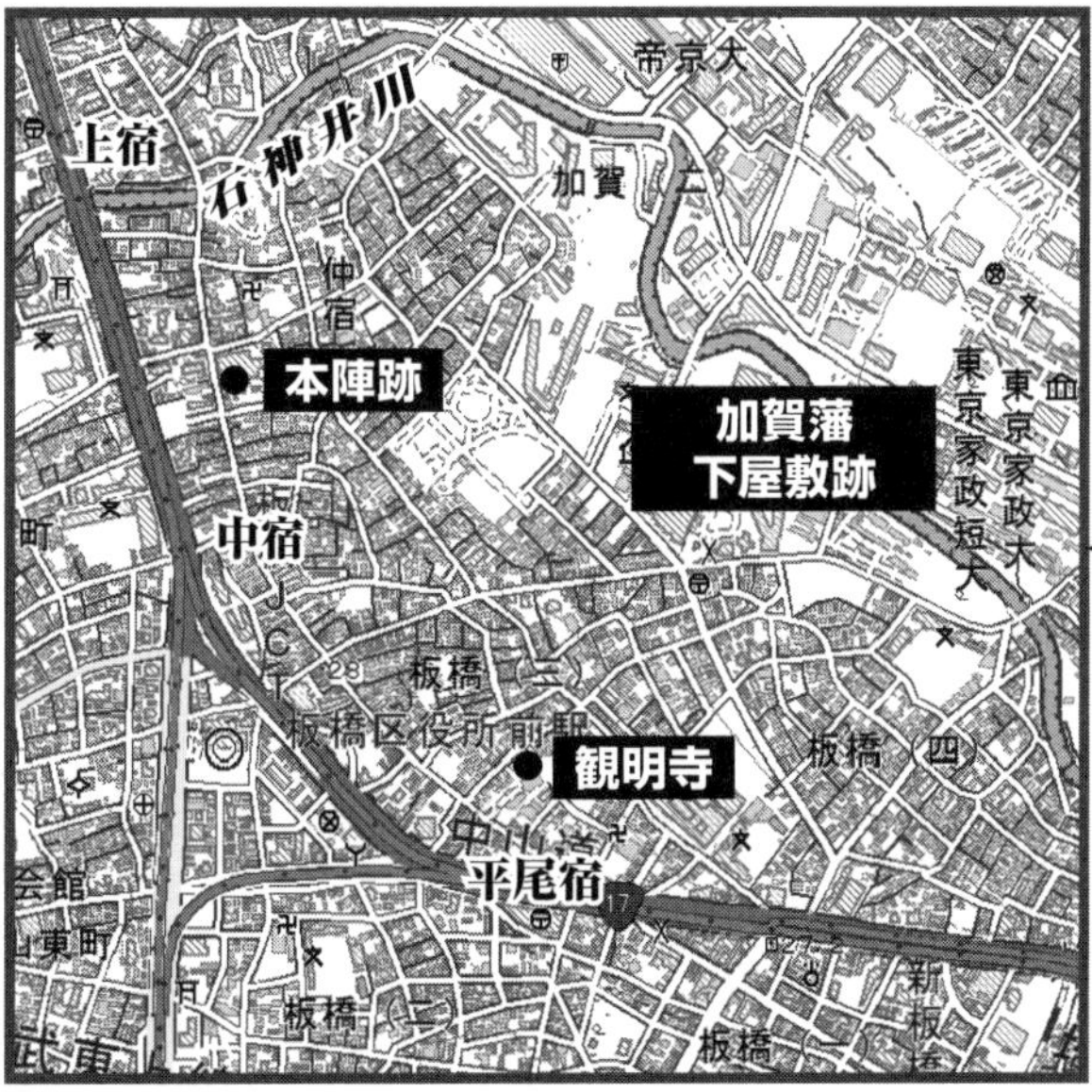

平尾宿に飯盛旅籠が多かったという。ちなみに、石神井《しゃくじい》川の手前までが中宿である。加賀藩の下屋敷があったため武士の利用も多かった。

屋で客をとっていた。

板橋宿の飯盛旅籠は、幕府の統制をかいくぐって発展し、天保《てんぽう》年間（1830〜1844年）には、45軒の飯盛旅籠があったという。幕府公認の飯盛女は150人ほどだったが、実際はそれ以上の飯盛女がいた。

板橋の飯盛旅籠で起こった心中事件

板橋宿の飯盛旅籠は、大まかに3種類に分類される。宿役人の要職に就いている主人が経営する旅籠、下級ではあるが飯盛旅籠を看板に博奕打《ばくち》ちの貸元を兼業するところ、そして、それ以外の旅籠であった。このうち、それ以外に当てはまる中流宿主が、もっとも遊女たちを酷使していたといわれている。

そんな板橋宿に残された事件の記録のひとつに、武士と遊女の心中事件がある。1824年（文政《ぶんせい》7）、岩本屋《いわもとや》という飯盛旅籠があり、5人の飯盛女を抱えていた。そのうちの器量良しの遊女のもとに、茂谷《もたに》という23〜24歳の御家人《ごけにん》が通っていた。2人は相思相愛の間柄となったが、やがて茂谷の金がつき、店で会うことができなくなった。ある日、その遊女が岩本屋から姿を消してしまった。当時、板橋宿には治安維持のための番所が3カ所あったといわれるが、いずれの番所でも見つからなかった。宿主は必死に捜索をし、ようやく茂谷の家をみつけた。宿主は、身請け金として「年季が7年残っているから、金二十篇（20両のことだと思われる）を払ってもらいたい」と要求した。
そんな金は持っていない茂谷は、問題を先延ばしにして、金の工面に奔走するとともに、なんとか減額してもらおうと交渉を繰り返した。しかし、店の一番人気の遊女でもあり、岩本屋も引かなかった。こうして数日がたったある日、2人の姿が見えなくなった。岩本屋が、茂谷の上司に訴えたため、茂谷の親族たちは懸命の捜索にあたった。すると、竹やぶの中で死んでいる2人が見つかった。検視の結果、心中と結論づけられた。

板橋の飯盛旅籠の飯盛女を描いた絵。板橋といえば飯盛女というイメージは、当時の庶民の間にも浸透していた。

　この事件のことが、曳尾庵《えいびあん》という医者の日記に残されている。そこには「若い人の色に感溺《かんでき》するのはよくある習いとはいいながら、一双の玉《ぎょく》を砕きちらすというのはいとおしく、またあさましく覚える。（中略）慎みてもつつしむべきは、この道の浅深を知らないからだ」と書かれている。この遊女の名は、わかっていない。

また、1866年（慶応《けいおう》1）には、平尾宿の武右衛門の旅籠で狼藉を働いた4人の男が、酒《さか》井大砲《いたいほう》組に捕まり、斬られてしまった。このなかの1人、彦七《ひこしち》という男が、かつて菊本屋《きくもとや》という飯盛旅籠の飯盛女を連れ出していたことがあり、旅籠連中は「ああいうことをやられたんでは、妓どもが浮足立ってしまう」と怒り心頭だったという。

板橋の飯盛旅籠では部外者が遣手になった

各地の遊里では、その土地独特の風習や決めごとがあり、それは板橋宿にもあった。

たとえば、旅籠で客引きをするのは、牛太郎《ぎゅうたろう》と呼ばれる男の仕事だった。一店に必ず1人はいて、客を呼び込んでいた。ところが、板橋では、客引きの仕事は「仲働き《なかばたら》」という女性の仕事だった。男は「中《ちゅう》どん」「じいや」と呼ばれ、帳簿や風呂掃除などの雑用をこなし、客が来ると火鉢や座布団を運び、寝床の上げ下げなども行った。

遣手婆《やりてばばあ》は板橋にもおり、吉原と同じく年配の女性が担当した。ただ、吉原の遣手は、年季の明けた遊女や、番頭新造のなかでも優秀な者が選ばれたが、板橋ではそうとは限らなかった。中には、実家の人間と折り合いが悪くなった姑が、職を求めて飯盛旅籠の遣手になることもあったという。

遣手は、店の遊女たちの教育や監視から、客との値段交渉や仲介も行わねばならず、店のことをよく知った優秀な者しか勤まらない。そのため、店の部外者が遣手になるケースはかなり珍しいといえる。

こうした遣手は、深酒をした客や、嫌な予感がする客を独断で追い返すこともたびたびあったという。

また、中宿にある遍照寺《へんしょうじ》には、板橋の遊女たちが、吉原の花魁道中《おいらんどうちゅう》をまねて練り歩く光景を描いた横額の絵馬が残されており、興味深い。

色街こぼれ話

板橋の瀬戸物屋で見つかった遊女の隠れ家？


ほとんどの飯盛旅籠が、規定の2人を超える遊女を抱えていたので、定員以上の遊女を下女として報告し、今までどおりの営業を行っていた。

しかし、役人の調査が入るときに、規定以上の遊女たちをどこかに隠さなければならなかった。

戦後、ある瀬戸物屋が改築のために家を取り壊したところ、素掘りの地下室が発見された。遺物はなにも発見されず、この地下室が、遊女を隠したところではないかといわれている。

こうしたものが板橋宿にはいくつもあったのではないかと考えられている。

日光および奥州・常陸地方への中継地

千住宿の遊女

隅田川交通の要衝でもあり、飯盛女で賑わったが、四宿の中では格下だった。

吉原で働く男どもが通った遊里

日光《にっこう》道中と奥州《おうしゅう》道中の第一の宿所が千住宿である。宿場町に指定されたのは1625年（寛《かん》永《えい》2）で、1661年（寛文《かんぶん》1）に煮売茶屋《にうりぢゃや》の建設が許され、これが飯盛旅籠の前身とみられている。その後、享保の改革で摘発を受けるなど、何度か取り締まりの対象となったが、そのたび復興し、最盛期には飯盛旅籠36軒、飯盛女150人ほどがあったという。記録上は150人だが、実際はそれ以上の飯盛女がいたことは間違いない。

千住の飯盛旅籠に通う客は、街道を往来する者や土地の者が多かったが、それ以外に珍しい客がいた。吉原から来る男たちである。吉原から来るといっても吉原の客ではない。吉原で働いている男たちが千住まで遊びに来ていたのである。吉原で働く男は吉原で遊ぶことは禁じられていた。吉原の投げ込み寺である浄閑寺《じょうかんじ》が南千住《みなみせんじゅ》にあるように、吉原と千住宿は距離的に近

千住宿を描いた浮世絵。画像の向こう側に立ち並んでいるのが旅籠で、多くの旅籠が飯盛女を抱えていた。ちなみに、手前を歩く団体は大名行列である。(『富嶽三十六景』より)

かった。そのため、千住宿で遊んだのである。

ちなみに、千住の遊女たちの投げ込み寺は金蔵寺《こんぞうじ》と不動院《ふどういん》の二つが知られている。金蔵寺には遊女たちの供養塔があり、大黒屋《だいこくや》という飯盛旅籠の名と遊女たちの名が墓石に刻まれている。不動院にも供養塔があり、こちらは千住宿旅籠屋一同が建立したものである。

また、千住大橋《せんじゅおおはし》があることからわかるように、千住は船の通行の多い場所でもあった。「千住女郎は錨《いかり》か綱《つな》か上り下りの舟とめる」という舟歌の一節があるように、船頭の客が多いのも千住宿の特徴だった。

一方で、吉原に行けない男が千住

江戸時代後期の千住宿周辺絵図

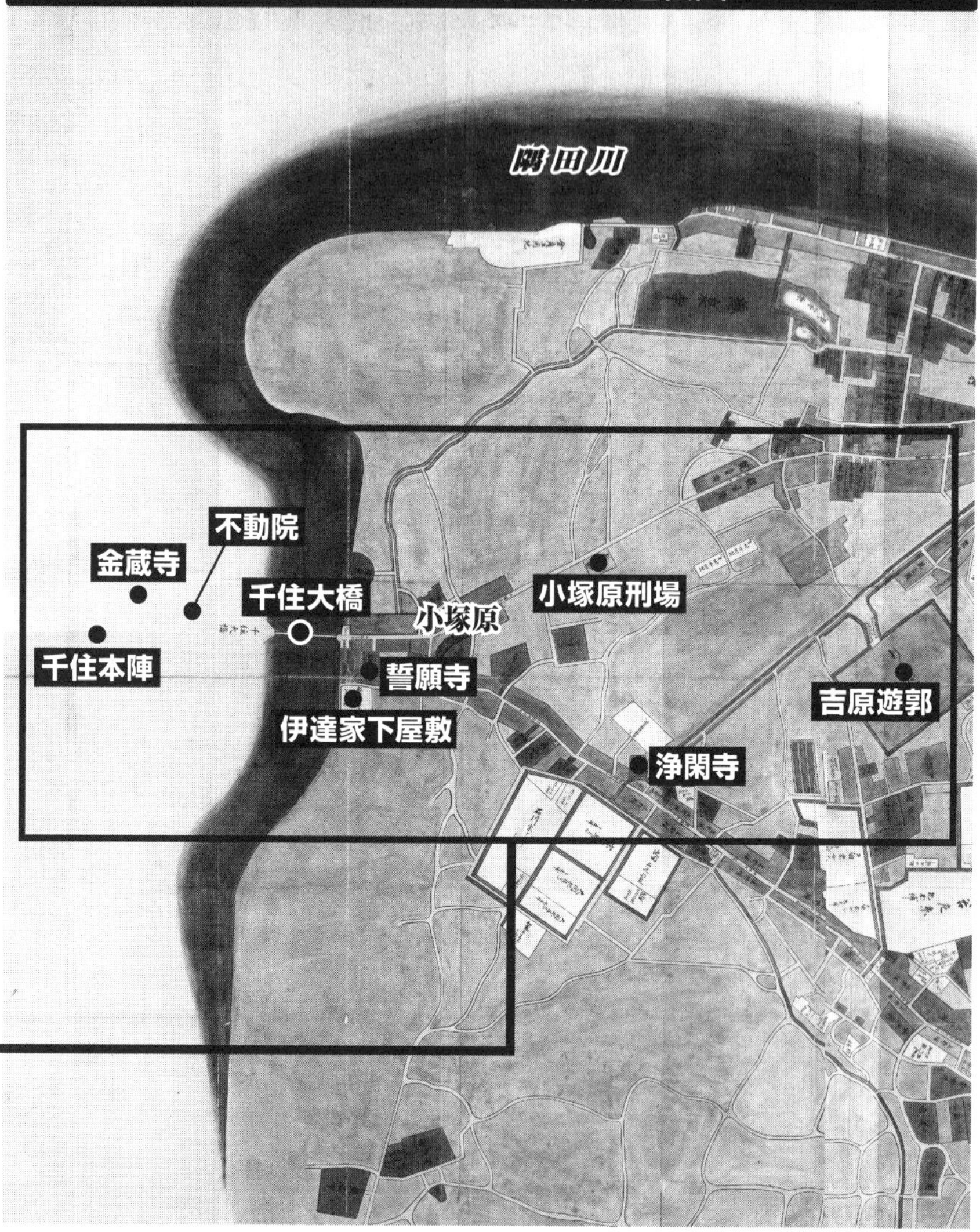

江戸時代後半の千住宿付近の絵図（国立国会図書館蔵）。隅田川をはさんで北側が千住宿、南側が小塚原。両方の町に遊里があった。

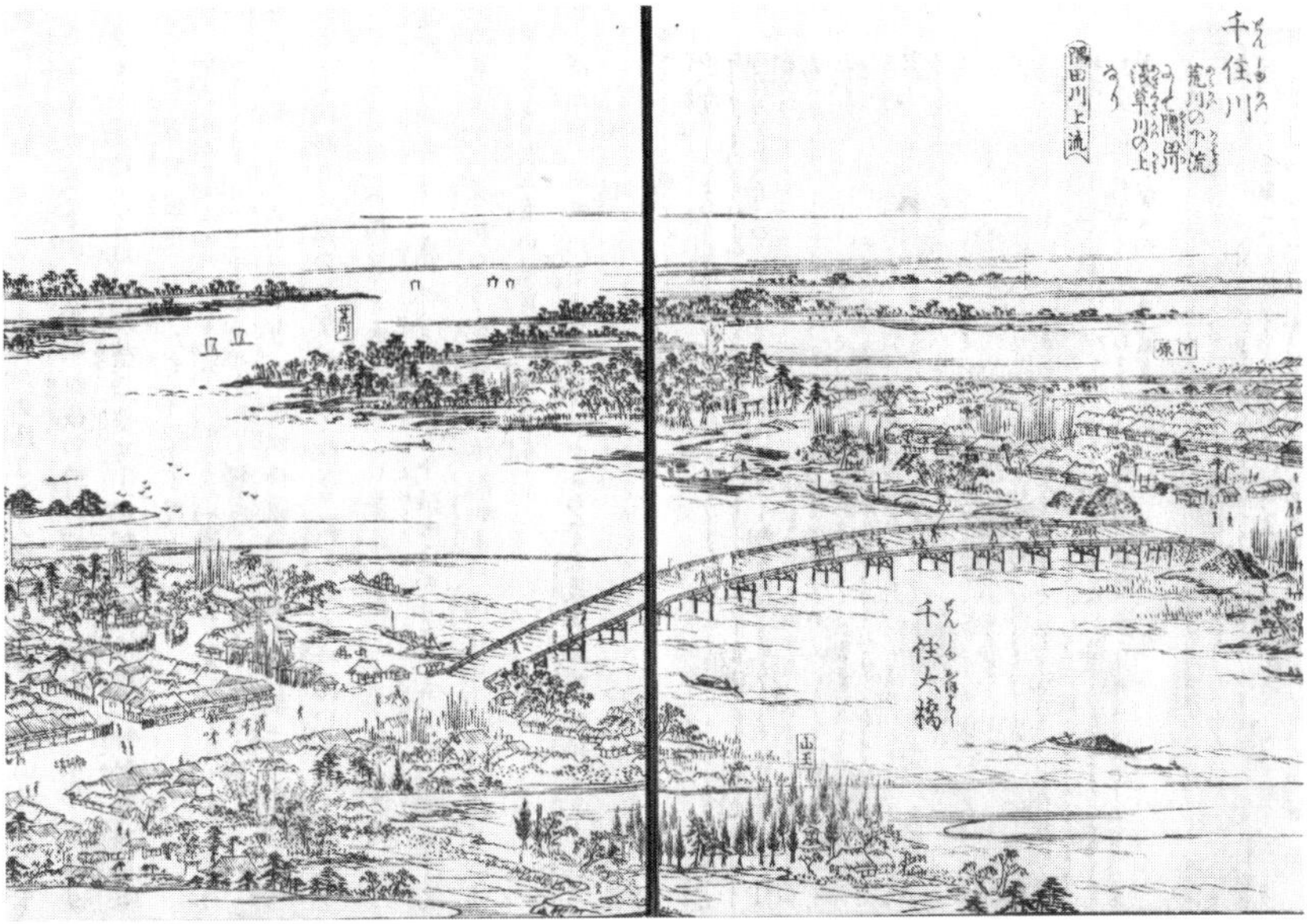

千住大橋は徳川家康が江戸に入ってはじめて架けた橋といわれる。千住は江戸の北の玄関口として繁栄した。(『江戸名所図会』)

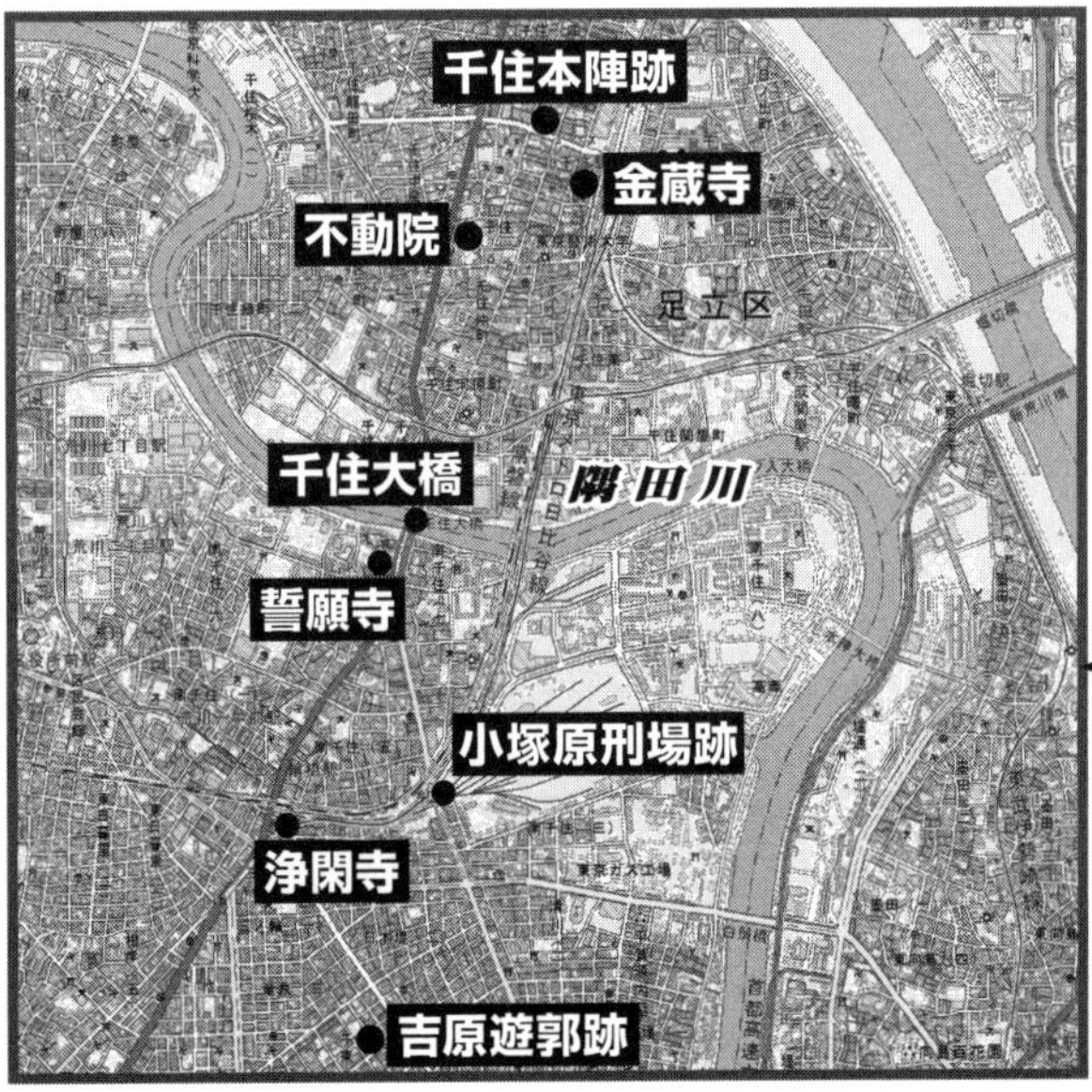

地図で見てわかるとおり、千住宿と吉原遊郭はそれほど離れていない。そのため、吉原で働く男たちが千住の飯盛旅籠をよく利用していたという。また、隅田川を隔てて南北に岡場所があったため、船頭にも人気があった。

宿に行くという風潮もあったようで、「すけんさんそれじゃ千住とわらわれる」という川柳が残されている。吉原ではなく千住に足を向ける男を皮肉った歌である。

千住の飯盛女は、同じ江戸四宿《ししゅく》の品川や内藤新宿よりも格下で、『婦《ふ》美《み》車《ぐるま》紫《むらさき》鹿《かの》子《こ》』によると、品川よりも4ランク下、内藤新宿よりも2ランク下になっている。なお。板橋とは同格とされ

千住宿の飯盛女。かんざしも一つで、着物もかなり地味であり、場末の遊女の感じが出ている。(『江戸名所百人美女』より)

ている。千住での遊び代は400～600文（現代の相場で約1万～1万5000円）が相場だった。

千住大橋の南側にある小塚原も遊里となっていた

千住宿は隅田川の北側に位置し、荒川に架かった千住大橋の南側には小塚原《こづかはら》の遊所があった。小塚原も千住宿の一部だったが、あくまで千住宿のおまけ程度の位置づけで、飯盛旅籠も15軒と千住宿に比べると少なかった。また、千住宿ほど建物も立派ではなかったという。

千住宿と小塚原の旅籠では、吉原のように張見世をしていた。(『諸国花街案内』より)

また、江戸時代の小塚原には刑場があり、多くの罪人が死刑に処された。そのせいもあって繁盛したとはいいがたく、「きつね火に千住の口説《くどき》はしたにし」という川柳が残されている。「はしたにし」は「途中でやめる」という意味で、小塚原の遊女を口説いていたが、きつね火が怖くて途中でやめたというわけである。

武蔵国の首府に栄えた遊里

府中宿の遊女

かつて国府があった町は宿場町となって飯盛女がうごめく遊里となった。

飯盛旅籠の誕生と、風紀を守るための議定書

江戸に幕府が開かれてから、甲州街道が重要な流通経路となり、街道にある宿場も発展を遂げた。府中《ふちゅう》宿も例に漏れず、各地からの旅人や江戸を出ていく人たちで賑わった。そうなると、宿場にはつきものの飯盛女が登場した。

ただ、府中はかつての国府《こくふ》の所在地でもあり、「宿場に遊女を置くことを禁ず」という幕府の禁礼はほかに比べて厳しかった。府中宿に飯盛旅籠が暗に許可されたのは、1777年（安《あん》永《えい》6）だった。府中新宿《しんしゅく》の東屋甚蔵《あずまやじんぞう》という旅籠屋の主人が三宿の役人にかけあって了承を取り、代官所に願い出て許されたという。甚蔵に続いて、新宿の倉田屋太左衛門《くらたやたざえもん》、番場《ばんば》宿の鉄五郎《てつごろう》の2人が飯盛旅籠をはじめたが、鉄五郎はまもなくやめてしまい、寛政《かんせい》期（1789～1801年）頃までは、府中新宿の2軒が営業をしていた。

1782年（天明《てんめい》2）、東屋と倉田屋は、宿場の風紀や治安上好ましくないとの理由で、飯盛女を置かない平旅籠に替えるよう、勧告を受けた。これに対し、東屋と倉田屋は議定書を提出し、飯盛旅籠の存続を願い出ている。議定書には、自分たちが守るべき条文が書かれていた。

1．府中宿三町の者は、たとえ奉公人の下男といえども遊ばせたり、酒の相手に女を出さない。

2．他村他国の者たりとも、客を居続けさせたり、長逗留させたりしない。

3．酔ったあまり格別騒ぎを起こすような客人がいたら、必ず差し留め、口論などが起こらないよう取り計らう。

4．客人が酔ったあげく、たばこ盆をひっくり返し、座敷を汚したのを、暴れ者といって一存の了簡《りょうけん》で打擲《ちょうちゃく》したり、搦《から》め置いたりすることがあると聞いている。こうしたことは最も不埒《ふらち》で、たとえ暴れて家作に当たるようなことがあれば、よろしくないことであるから、組合にも通達して、内分の差し図を請けて取り計らう。

5．遊びのうえに賭けごとなどの勝負をしたいという客がいたら、きびしく差し留める。

以上の5カ条だった。近隣在住の者に営業しないことで風紀の乱れを防ぎ、狼藉者や博徒《ばくと》が来たら、しっかり取り締まることで治安の維持に努めるとしている。4条にある「一存の了簡で打擲したり、搦め置いたりすること」というのは、狼藉を働く客人に対して、旅籠が私的な制裁をくわえているという意味であり、これはよろしくないので、組合や問屋などに届けて、その採決にしたがうと宣誓している。

結局、府中宿の飯盛旅籠は取り潰されることなく、その後、覚右衛門《かくえもん》という男が番場宿に新たに飯盛旅籠を開業している。

提灯の数が遊女の人気のバロメーター

飯盛旅籠は3軒で営業していたが、1804年（文化《ぶんか》1）に東屋が内藤新宿に移転したことで、再び2軒の営業となった。ただ、これは表向きのことで、府中には4軒の飯盛旅籠があったという史料も残されている。また、飯盛女も10〜15人抱えていたという記述もあり、どこの宿場でも同じように、幕府の通達は守られていなかったようだ。

府中では、大國魂《おおくにたま》神社で行われる六所宮《ろくしょぐう》の祭礼（現在のくらやみ祭）になると、たくさんの人が集まった。飯盛旅籠もかき入れ時で、各店が2階も下座敷も障子やふすまをはずして、表から内部が見られるようにしたうえで、軒下に丸提灯を並べて火をつけた。提灯の数が多いほど、伊達であると言われた。

また、祭礼の間は、遊び代も特別価格だった。普段は一昼夜が銭1貫200文で客引きするところを、一昼夜を六分割して各時間金三分ずつを取った。また、吉原の花魁道中をまねた、飯盛女たちの行列も行われていた。派手な着物と髪飾りを身につけ、禿《かむろ》（遊女にしたがう幼女）に手を引かれて、六所大明神の門前あたりを渡り歩いたという。

府中の飯盛女たちには、独特の習慣があった。馴染みの客に提灯を買ってもらうのである。提灯は赤く染められ、白字で紋と名が抜いてある。それを、店の軒下に吊るすのだが、この数が多ければ多いほど、飯盛女の人気のバロメーターになったという。

明治に入ると、飯盛旅籠は貸座敷《かしざしき》と名称を変え、府中の旅籠屋たちも貸座敷として営業を開始した。しかし、府中では、内藤新宿や八王子のように遊郭を形成することはなく、依然として街道沿いに店が点在していた。明治初年の頃の貸座敷は、たつむら、いろは、田中屋、松本、杉嶋《すぎしま》の名が残

現在の旧甲州街道から府中街道あたりまでの一帯が府中宿だった。府中宿は新宿、八幡、神戸（番場）に分かれ、府中宿の本陣は神戸地区にあったとされる。

っており、1881年（明治14）には9軒の貸座敷があったという記録もある。
府中の貸座敷は、江戸時代には新宿と番場の2軒だったが、明治に入ってからは神戸《かんべ》町に芸者置屋《おきや》が集中した。多いときには25軒の置屋があったという。

府中宿の隣の宿駅となる調布にも飯盛旅籠はあった

甲州街道を日本橋からスタートし、内藤新宿、下高井戸《しもたかいど》、上高井戸《かみたかいど》と来て、次に布田五宿《ふだごしゅく》（現在の調布《ちょうふ》市）がある。国領《こくりょう》、下布田《しもふだ》、上布田《かみふだ》、下石原《しもいしわら》、上石原《かみいしわら》の五宿の総称であるが、ここは間宿と考えられる。次の府中宿までわずか7キロという立地にあったため、旅人の多くは隣の府中で宿泊するのが常だった。

そのため、布田五宿は、騒がしい府中を横目に、かなり寂れた宿だった。『身延道中滑稽華《みのぶどうちゅうこっけいはな》の鹿毛《かげ》』には、「駅場とはいひながら家並もなく、そこ爰《ここ》にちらほら家居のありて、門口と見へた

大國魂神社の前を通る遊女と思しき女性を描いたもの。

る垣の結のこせし所に（中略）ゆけどもゆけども左右の藪は絶え間なく、いと寂寥《せきりょう》たるさまなれば」とあり、かなり寂しい宿だったことがわかる。

そんな布田五宿に転機が訪れるのが、1866年（慶応《けいおう》2）のことだった。時は幕末、幕府は長州征伐に踏み切ったものの、軍用金が不足していた。そのため、布田五宿にも5000両の冥加金《みょうがきん》（税金の一種）を要求してきた。しかし、そんな大金を払えるわけもない。そこで、各宿の小前惣代《こまえそうだい》、年寄および問屋《といや》名主《なぬし》は、連名で飯盛女許可願を道中奉行《どうちゅうぶぎょう》に嘆願したのである。具体的には、旅籠屋30軒、遊女1000人を認めてほしいと願い、その見返りとして、1000両を即金で納め、年1000両ずつ、計6000両を年賦上納するというのである。

色街こぼれ話

新選組の近藤勇も府中の飯盛女と遊んだ！

新撰組《しんせんぐみ》の局長となる近藤勇《こんどういさみ》は、府中の隣村の武蔵《むさし》国多磨《たま》郡上石原《かみいしわら》村の出身である。1861年（文久《ぶんきゅう》1）8月、天然理《てんねんり》心流《しんりゅう》宗家4代目襲名披露の野試合が、府中の大國魂神社で行われた。赤軍と白軍に分かれて、近藤は白軍の総大将となり勝利を挙げ、襲名披露は成功した。

その夜、近藤は土方歳三《ひじかたとしぞう》や沖田総司《おきたそうじ》らを引き連れて府中の飯盛旅籠を貸し切り、朝まで騒いだという記録が残っている。

幕末、知人へ宛てた手紙のなかで近藤は、「府中の妓楼《ぎろう》（飯盛旅籠のこと）での妄戯《もうぎ》が懐かしい」と書いている。

幕府は、飯盛旅籠1軒につき、飯盛女は2人までと規制していたから、嘆願の人数はいかにも多すぎるし、分納とはいえ6000両は多すぎる。

この嘆願書が、どのような経緯で吟味されたかはわからないが、布田五宿に飯盛旅籠を開設することが認められた。翌年の史料によると、上石原宿に3軒あったことが確認されており、おそらく他の4宿も同じような軒数だったと思われる。

こうして布田五宿にも飯盛旅籠が置かれ、抱え女の雇用を行う、いわゆる女衒《ぜげん》が上飛田給《かみとびたきゅう》村にできた。いくつかの飯盛奉公の紹介書が残されているが、集められた女性は、江戸や近隣の農村出身者が多い。

江戸下谷山崎《したややまざき》町のひさという娘は、7か月間の従事期間で、給金8両を前渡しのうえで、上石原宿の倉田屋に雇われた。その妹わかは、2年4カ月の従事期間で、給金15両となっている。また、江戸八丁堀岡崎《はっちょうぼりおかざき》町のはなという娘は、3年10カ月で給金19両だった。

明治時代になると、飯盛旅籠は貸座敷と名を変え、布田五宿でも営業は続けられた。1878年（明治11）には20軒の貸座敷が確認され、1909年（明治42）では島村楼《しまむらろう》、枡花楼《ますはなろう》、丸《まる》島楼《しまろう》、古富楼《ふるとみろう》、福田楼《ふくだろう》、当麻楼《たいまろう》、富沢楼《とみさわろう》の7軒が確認されている。

江戸末期まで寂れた宿場だった布田五宿が、飯盛旅籠のおかげで相当に潤ったことは間違いない。1957年（昭和32）4月の売春防止法の施行を前に、前年のうちにすべての貸座敷が営業をやめた。

新選組の近藤勇も遊んだ遊里

八王子宿の遊女

15の宿で構成された八王子宿は甲州街道筋では最大級に繁栄した。

幕府直轄地に誕生した飯盛女

八王子は、徳川家康《とくがわいえやす》が江戸に入ってから幕府の直轄地となり、江戸時代には甲州街道の主要な宿場のひとつとなった。横山《よこやま》宿（現・横山町）と八日市《ようかいち》宿（現・八日町）に本宿が置かれ、八幡《はちまん》宿、八木《やぎ》宿などを含めて15の宿から成り立ち、本宿以外は加宿、脇宿と呼ばれて区別された。

この頃の宿場には、本陣2軒、脇本陣4軒、問屋場《といやば》2軒、旅籠屋40軒が建ち並んでいたと記載されている。

八王子の旅籠屋に飯盛女を置くことが許されたのは宝暦《ほうれき》年間（1751〜1763年）のことだが、『三多摩風土史』によると、享保年間（1716〜1736年）、宿駅に「足洗い」「めし盛り」「やまだし」と呼ばれる女性がおり、「旅情を慰めるたぐい多く、八王子青楼《せいろう》の前身をなす」とある。史料として残されているのはこれが最古だが、おそらく、かなり前から私娼が存在していたと思われる。幕府は、横山宿と八日市宿の本宿の12軒に、それぞれ2人の飯盛女を置くことを許可した。

この頃の八王子宿の様子として、「東西の町にて長さ一里ばかり茅葺《かやぶ》き千軒の町である」と記され、また「八王子の宿り富栄え家々造作など加えて篆額《てんがく》を屋宅に彫りてあり」とも書かれている。当時の八王子宿の繁栄ぶりが窺える。

天保年間《てんぽう》(1831〜1845年)の、横山宿宗門人別帳《しゅうもんにんべつちょう》が残されており、そこには横山宿の飯盛旅籠が抱えていた飯盛女と下女の名前が記されている。12軒の各店は飯盛女を上限の2人抱え、下女を1〜3人抱えている。名前と年齢が判明しているのは34人で、最年少は16歳、最高齢でも29歳である。また、横山宿の飯盛女たちは、そのほとんどが江戸出身であることもわかる。

しかし、当時の八王子宿の飯盛旅籠は、両宿に各15軒づつ、合計30軒もあったという記述もある。幕府の規制がうやむやになっていたことは明らかで、それだけに、飯盛女以外の下働きの女性たちも、遊女のごとき営業をしていたことは間違いないだろう。

幕府によって営業停止となるも翌年すぐに復活

江戸時代の八王子の飯盛旅籠は、宿場町全体を潤す目的で、遊郭のように郭《くるわ》で囲うことはなく、街道沿いに点在していた。

　また、飯盛女の相手は旅行者のみに限定され、近在農民が飯盛旅籠に宿泊することを禁止する申し合わせもあった。周辺の風俗の悪化を懸念してのことだといわれる。

　あるとき、横山宿の東端にある四日場という市が寂れ、人も集まらなくなった。そこで、横山宿に分散していた飯盛旅籠を四日場に移転させようという計画が持ち上がった。しかし、飯盛旅籠が一カ所に集中すると、遊郭とまぎらわしくなり、吉原のみを遊郭として公認していた幕府からの取り締まりが厳しくなることを怖れ、この計画は実現しなかったという。

　明和《めいわ》（1764～1772年）、天明《てんめい》年間（1781～1789年）になると、各地の技術者たちが流入し、甲州街道の交通

現在、一里塚の碑が建っているあたりが八王子宿の入り口。八木《やぎ》宿の先の追分で、陣馬《じんば》街道と甲州街道に分かれる。八木宿までが八王子宿だが、飯盛旅籠が集中していたのは横山・八日町あたりだった。

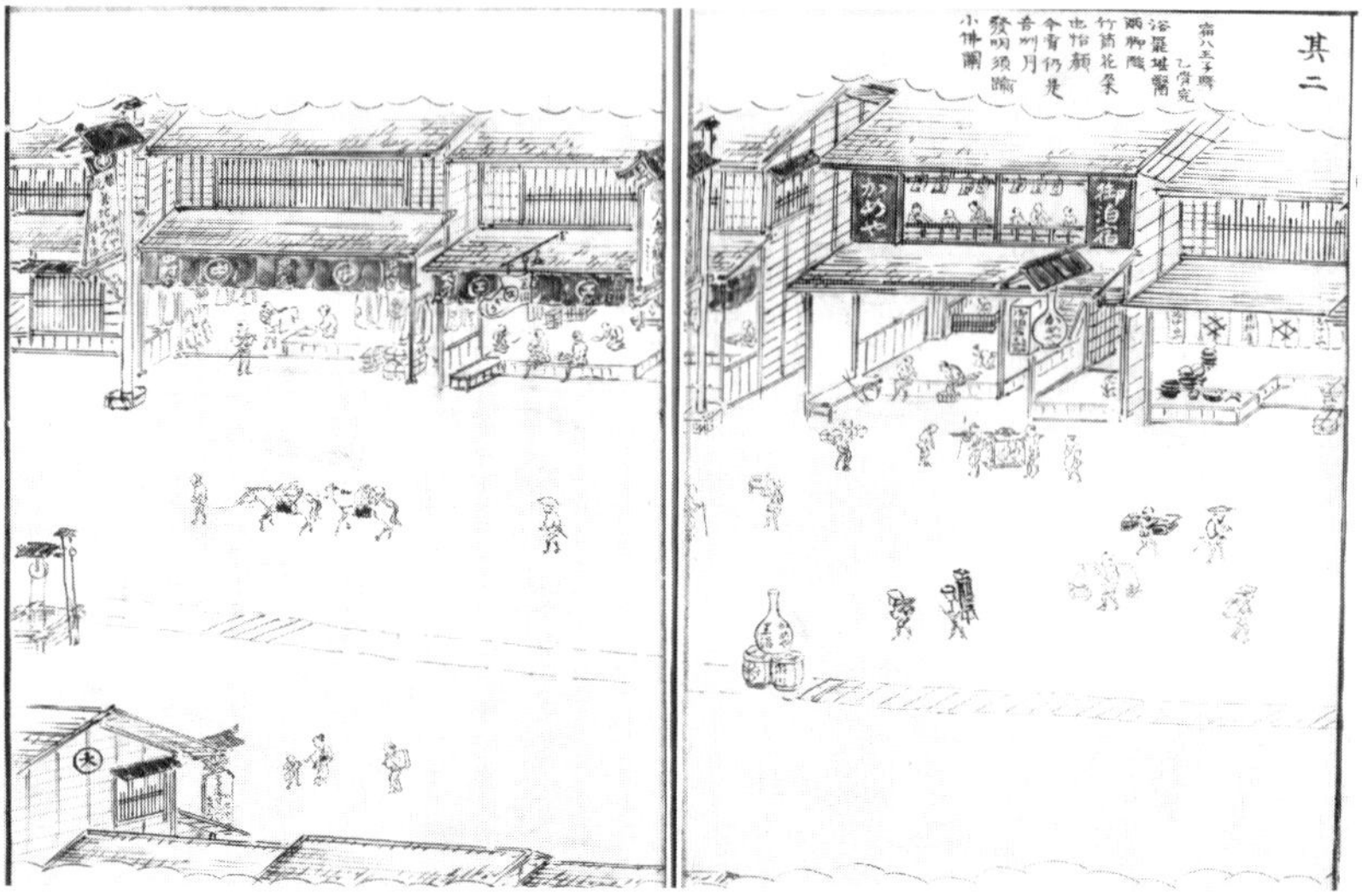

八王子宿の様子を描いたもの。右側の大きな店は「かめや」という飯盛旅籠である。(『八王子名勝志』より)

量も増え、八王子はいっそう栄えることになった。

全国の宿場と同じように、八王子でも飯盛旅籠は繁盛した。飯盛女がいるといないとでは、店の売上も雲泥の差であり、そのため幕府から許可された飯盛旅籠だけでなく、平旅籠のなかにも飯盛女を置くところが増えていった。

こうした実情は、幕府も把握していたが、その存在が宿場町全体を活気づけていたことから、当初は幕府も黙認していた。

しかし、それをいいことに八王子の旅籠はエスカレートしていき、1795年（寛政《かんせい》7）にいよいよ幕府の取り締まりを受けることになった。飯盛女を2人より多く抱えていた店には、過料銭3貫文が科せられ、宿役人も監督不行届きで急度叱《きっとしか》りの処罰を受けている。

次に手入れを受けたのは1822年（文政《ぶんせい》5）だった。飯盛女を規定人数より多く抱えていた飯盛旅籠と、従事していた飯盛女が逮捕された。このときは、さらに衣類は木綿のみという規制を破って華美な着物を着せていたという罪状も加わり、以前より厳しい処罰となった。飯盛旅籠の亭主11人が過料と手鎖《てぐさり》、横山宿と八日市宿名主は役儀罷免《やくぎひめん》、年寄役は過料5貫文、家主は過料3貫文、五人組は急度叱りの処罰を受けている。逮捕された飯盛女たちは、身元引受人に引き渡された。

このため一時、八王子の飯盛旅籠は営業停止となっていたが、翌年には営業再開を認められた。このとき、取締会所が建てられ、宿役人の監視が厳しくなり、飯盛旅籠は仲間議定を作成して自主規制を強めることになった。

このときの誓約には、笄《こうがい》（髪飾り）は木製、または真鍮《しんちゅう》製に限ること、飯盛女に華美な衣類を着させないこと、旅人をしつこく引き留めて多額の金銀を使わせないこと、引手茶屋を使わないこと、新規の飯盛旅籠を営業させないこと、などが書かれている。

しかし、万延《まんえん》年間（1860～1861年）に書かれた『八王子名勝志』には「駅内には十二娼楼の粉頭ありて、歌舞伎酔宴賑わしきあれば」と描かれており、前記の自主規制は守られていなかったようだ。

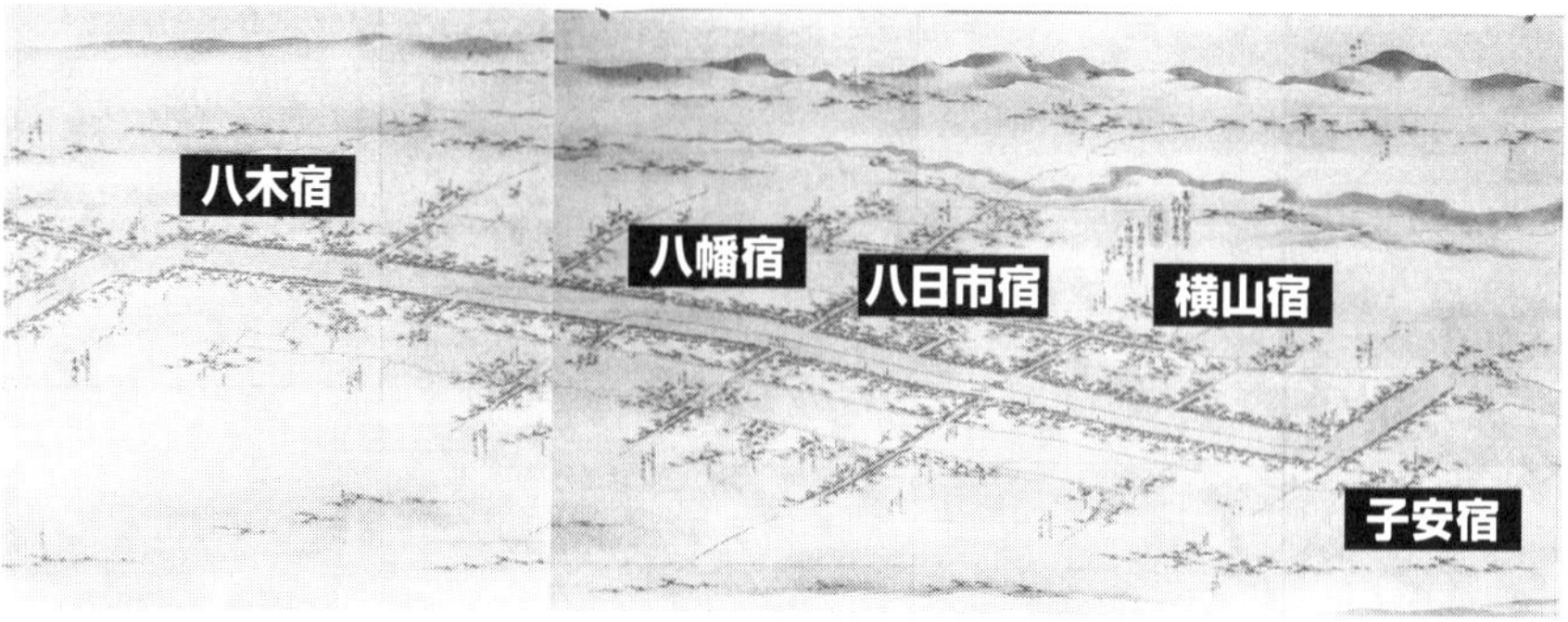

江戸時代の甲州街道を描いた地図。横山宿周辺が描かれている。この街道沿いに飯盛旅籠が点在していた。(『甲州道分間延絵図』より)

近藤勇も通った八王子の飯盛旅籠

幕末、京都で新撰組を旗揚げする前の近藤勇は、生家のある武蔵国多磨郡上石原村（現調布市野水）から、八王子や隣の日野《ひの》に出稽古に出かけては、八王子の旅籠を利用していたともいわれている。新撰組副長として京都の花街で浮名を流した土方歳三も、日野出身であることから、八王子に足を伸ばしていた可能性はある。

また、内藤新宿から出立した甲陽鎮撫隊《こうようちんぶたい》（戊辰戦争の際に近藤らが編成した反新政府軍）が八王子宿に宿泊したといわれる（府中の飯盛旅籠に宿泊したとする説もある）。

このように、江戸時代を通じて、八王子の飯盛旅籠は大いに繁盛し、明治以降も存続し続けることとなる。

横山宿と八日市宿の飯盛旅籠は、明治政府による「娼《しょう》妓解放令《ぎかいほうれい》」により貸座敷と名称を変え、八王子遊郭へと変貌を遂げた。1897年(明治30)の八王子大火により、遊郭は田町へ移転され、そこに始めて大門が作られた。

八王子遊郭は、昭和の戦後まで続いたが、1958年(昭和33)4月の売春防止法施行を前にした2月に、八王子遊郭の楼はすべて料理店、旅館などに転業、もしくは廃業し、その役目を終えた。現在でも、遊郭時代の建築がわずかではあるが残っている。

八王子の飯盛女の足抜け、身請け

1835年(天保6)、横山宿の飯盛旅籠の瀧本屋が抱えていた「しげ」という飯盛女が行方不明になった。捜査の結果、越野村の幸吉という男がしげを誘い出したことがわかった。瀧本屋の主人・金蔵は幸吉

色街こぼれ話

八王子宿で起こったある心中事件

飯盛女と客が相思相愛となり、それが事件を引き起こすこともあった。

1839年(天保10)3月25日、元横山村の寺の裏畑で、「やす」という19歳の少女が変死体で発見された。検視の結果、喉を切られたための失血死で、かたわらに酒蔵に勤める平兵衛という男との連名による遺書が見つかった。

役人たちは、やすと平兵衛が心中を試みたが、男が心変わりをして逃げ出したものと結論づけた。江戸時代、心中の生き残りは死罪とされており、役人たちは平兵衛を探したが、結局平兵衛は見つからないまま事件は迷宮入りとなった。

の行方をつきとめて掛け合ったが、折り合いはつかなかった。そのため、金蔵は宿役人に頼みこみ、越野村の名主にも手を回してもらって、ようやく示談が落ち着いたという。

しげの件は足抜けと呼ばれるものだが、八王子にも身請けはあった。1852年（嘉永《かえい》5）、下野国の幸助という男が、横山宿の福田屋で酔っ払い、相手をしていた「ひゃく」という飯盛女を身請けすると言い出した。主人との話し合いで、身請け代金は120両という高額だったが、幸助は内金として70両を支払った。ところが、その金は奉公先の売掛金を横領したものだったため、幸助は逮捕され、ひゃくの身請けも流れてしまった。

第三章

寺社町の遊女

——寺社とともに発展した門前町の岡場所

寺と神社と遊女の関係

江戸時代、岡場所《おかばしょ》となったところには、上野《うえの》や芝《しば》、音羽《おとわ》など寺や神社の門前町が多い。それは、寺社の門前町《もんぜんまち》が岡場所の絶好の土地だったからである。

第一に、江戸時代の町人たちは、寺社への参詣を日常的に行っていた。庶民にとってそれがひとつの娯楽だったのである。そのため、参詣する男性たちをあてこんだ遊女屋や遊女が集まってきた。

第二に、江戸時代の制度上のことがあった。江戸時代の制度として、寺社は寺社奉行の管轄下にあり、町は町奉行が管轄していた。基本的に、境内と門前は寺社奉行が管轄した。しかし、門前町と町人地の境はあいまいなところがあり、両奉行の支配統治にときどき間隙が生まれることがあった。つまり、取り締まりが行き届かない門前町が出てくることがあったのである。岡場所を取り締まるのは町奉行だったから、そういう土地には町奉行も手を出せず、目先が利く者たちがそういうところに進出し、門前町に岡場所が生まれやすかったというわけだ。

門前町には多くの店が立ち並んだが、そのなかで遊女が商売をしていたのが水茶屋《みずぢゃや》である。一階でお茶を提供し、頃合いを見計らって二階で春を売っていたのである。表向きは遊女であることを悟られてはいけないので、吉原《よしわら》や江戸四宿《ししゅく》のような派手な格好はできず、上野などでは前掛けをしたまま客を誘っていた。

水茶屋での遊女と男性の姿を描いている。寺社の門前町では水茶屋が遊女屋の代わりとなることが多かった。(『風流江戸十二景』湖龍斎)

寛永寺の門前町として発展した下町の遊里

上野周辺の遊女

上野山下の「けころ」と呼ばれる遊女がとくに有名だった。

水茶屋を利用して売春を行った「けころ」

江戸時代、上野一帯は見世物《みせもの》小屋や屋台などが立ち並ぶ、両国《りょうごく》と並ぶ盛り場だった。寛永寺《かんえいじ》の東叡門《とうえいもん》の入り口あたりを上野広小路《ひろこうじ》、寛永寺の東側の麓あたりを山下《やました》、その先の忍川《しのぶがわ》を渡った先を下谷《したや》広小路といった。1737年（元文《げんぶん》2）5月に下谷で大火事があり、山下の町家は焼失した。そのため幕府は、山下付近を火除空地として、町家を建てることを禁じた。その代わりに、水茶屋などの商売を許し、それ以降、上野周辺は盛り場として繁栄したという。

昼夜を問わず、通りを歩く客に、二階建ての水茶屋や料理茶屋で働く前掛けをした若い茶汲《ちゃく》み女が盛んに声をかけた。茶屋一軒につき、だいたい2～3人の茶汲み女が所属しており、茶汲み女は木綿の地味な着物を着ていた。一階には畳床几《たたみしょうぎ》が並べられ、そこで客は茶を飲んだり食事を楽しんだりしたが、二階には茶汲み女と情事を行う場所が用意されており、茶汲み女が

水茶屋には、看板娘として「茶汲み女」がおり、やがて彼女たちが春を売るようになった。上野・入谷あたりには多くの水茶屋があり、一大歓楽街となっていた。(『茶屋男女の図』)

江戸時代後期の上野周辺絵図

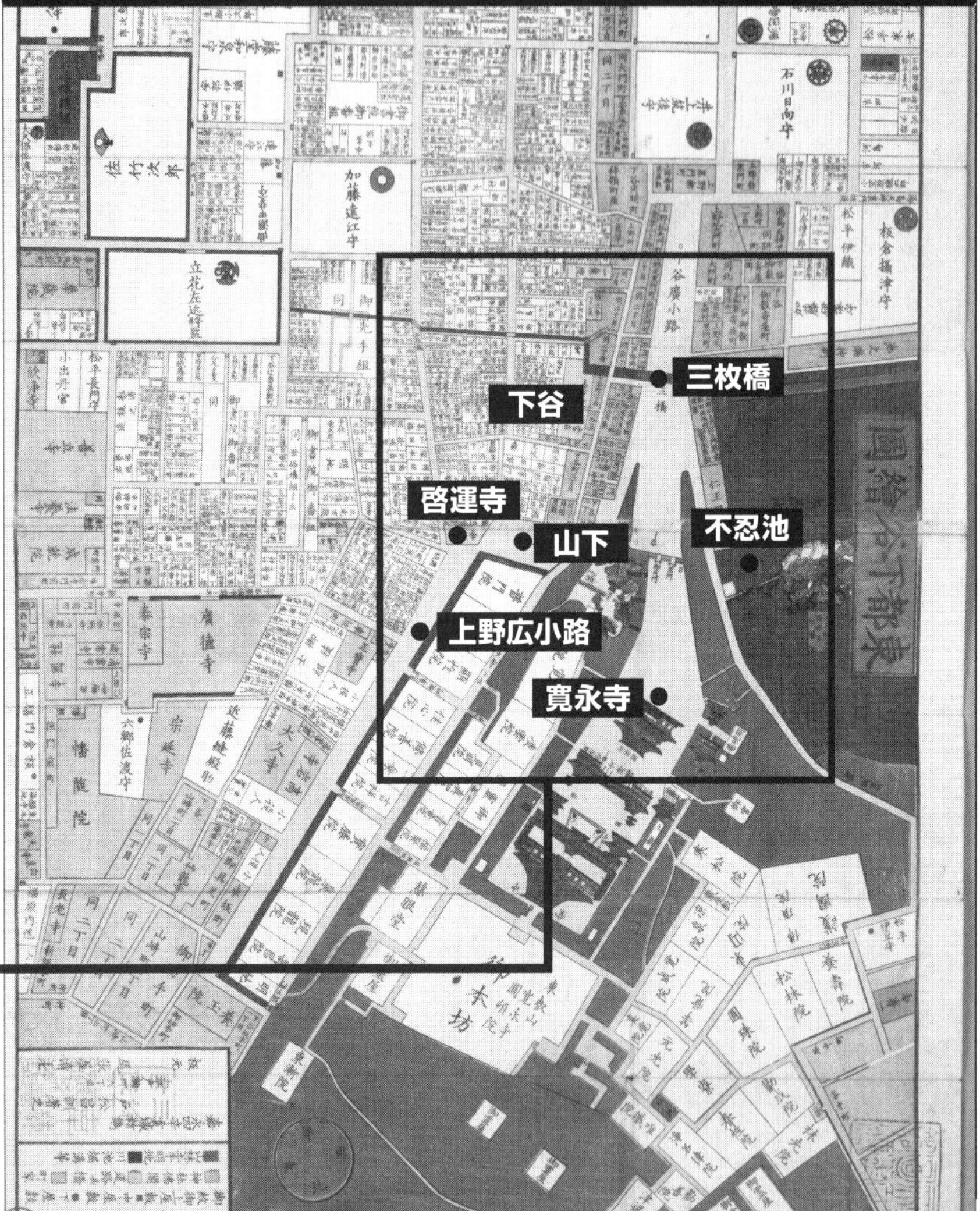

江戸時代後半の上野付近の切絵図（国立国会図書館蔵）。寛永寺《かんえいじ》という大きな寺院のひざ元であり、大いに繁栄した。

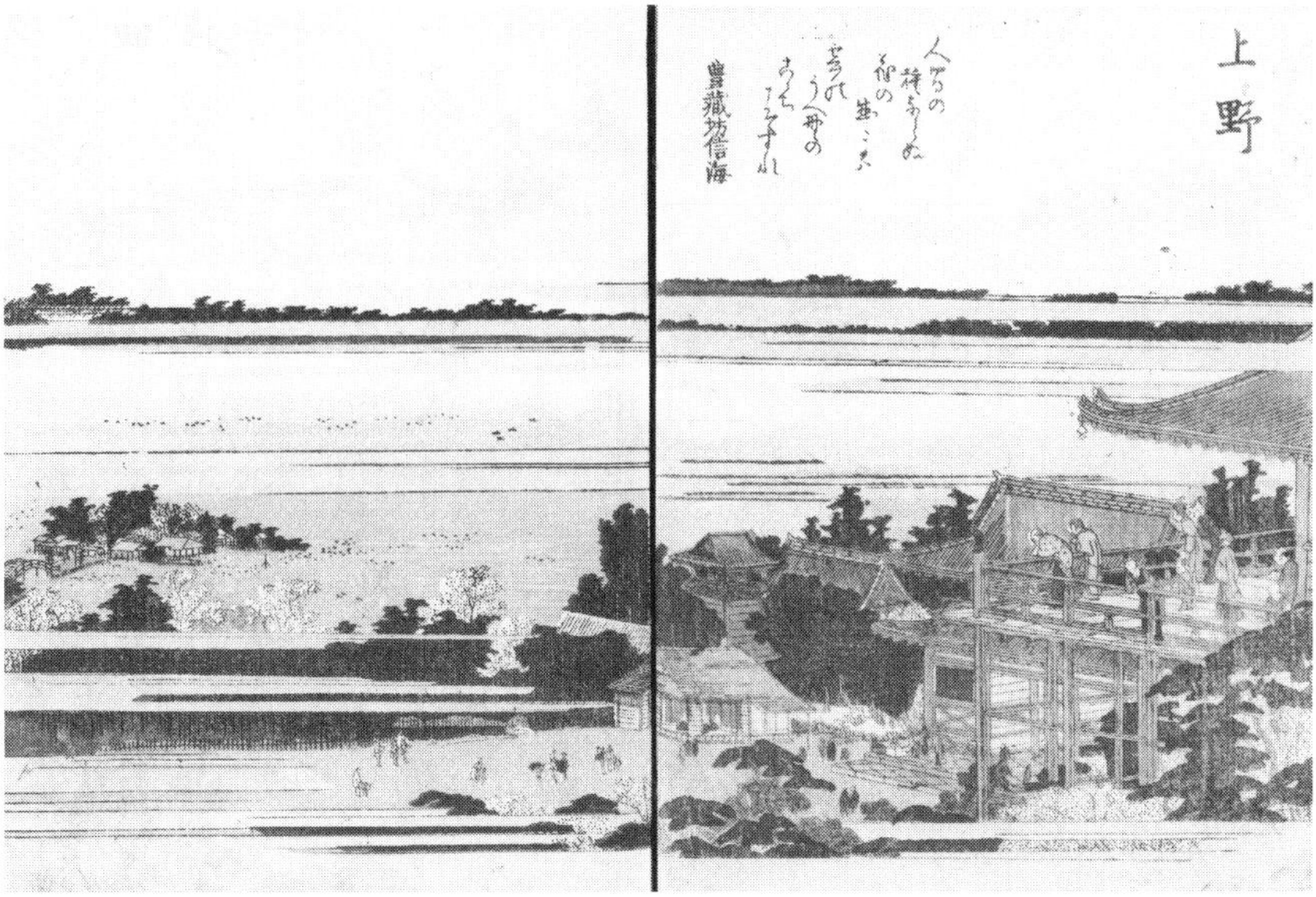

上野寛永寺から不忍池《しのばずのいけ》を望む。境内にある水茶屋でも売春が行われていた。(『画本東都遊』より)

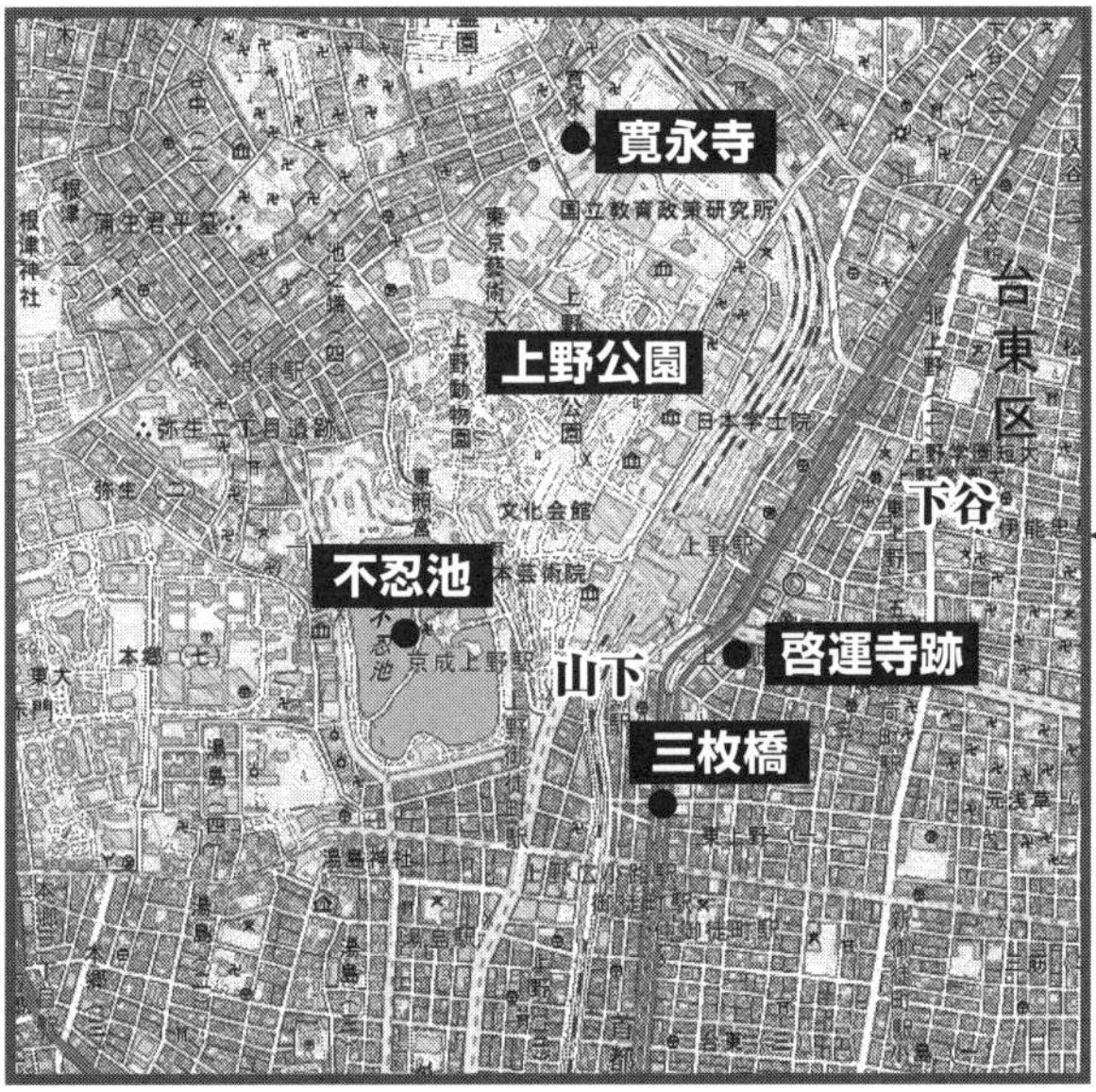

現在は上野公園の北側にある寛永寺だが、江戸時代は現在の上野公園一帯が寺領であった。山下や下谷が岡場所として繁栄し、徳川家ゆかりの寺院だったこともあり、上野一帯の岡場所は賑わった。

上野山下の「けころ」と呼ばれた遊女。客が頬かむりしているのは、身元を隠すためであろう。（『盲文画話』より）

春を売っていた。

上野広小路から山下を経て下谷広小路に至るあたりの遊女は「けころ」と呼ばれていた。

けころとは、「蹴ころばし」の略とされるが、なぜこのように呼ばれたのか不明である。一説には、芸者が転んで（転向して）遊女になったからともいう。ちなみに、けころはもともと浅草で発祥し、その後山下でも同様の商売を行う私娼をけころと呼ぶようになったという。

けころの全盛期は安永《あんえい》・天明《てんめい》年間（1772〜1789年）の頃で、山下にあった啓運寺《けいうんじ》から下谷広小路にかけて100軒近くの水茶屋があった。「山下のどちらを見てもよりなんし」というほど多くの遊女であふれ、『時津風《ときつかぜ》』という当時江戸で流行っていたものを集めた本にも「山下敝《まえ》膝《だれ》」として紹介されるほど繁栄した。敝膝《まえだれ》とは、けころが前掛けをしていたことから呼ばれた俗称である。

上野の清水堂で花見に興じる遊女たちの姿を描いている。遊女屋（水茶屋）に抱えられているとはいえ、岡場所の遊女たちは吉原とは違い、出かけるのも自由であった。（『東都上野花見之図』部分）

山下をはじめ上野周辺の水茶屋では「張見世《はりみせ》」が行われており、客は遊女の顔を選ぶことができた。もちろん、張見世をしない見世もあり、そういう場合、けころは紺色の前掛けをしていた。これがけころの目印だった。そして店頭で髪結や化粧をしたり、店前をウロウロしながら声がかかるのを待った。この様子を、ある川柳子は「けころばしごみも無いのに掃いている」と詠んだ。

上野で女遊びをするのにいくらかかったか

上野・山下・下谷の遊女の遊び代は、だいたい一《ひ》と切《きり》200文（約5000円）だった。けころを買う場合は体裁上、酒か食べ物も一緒に注

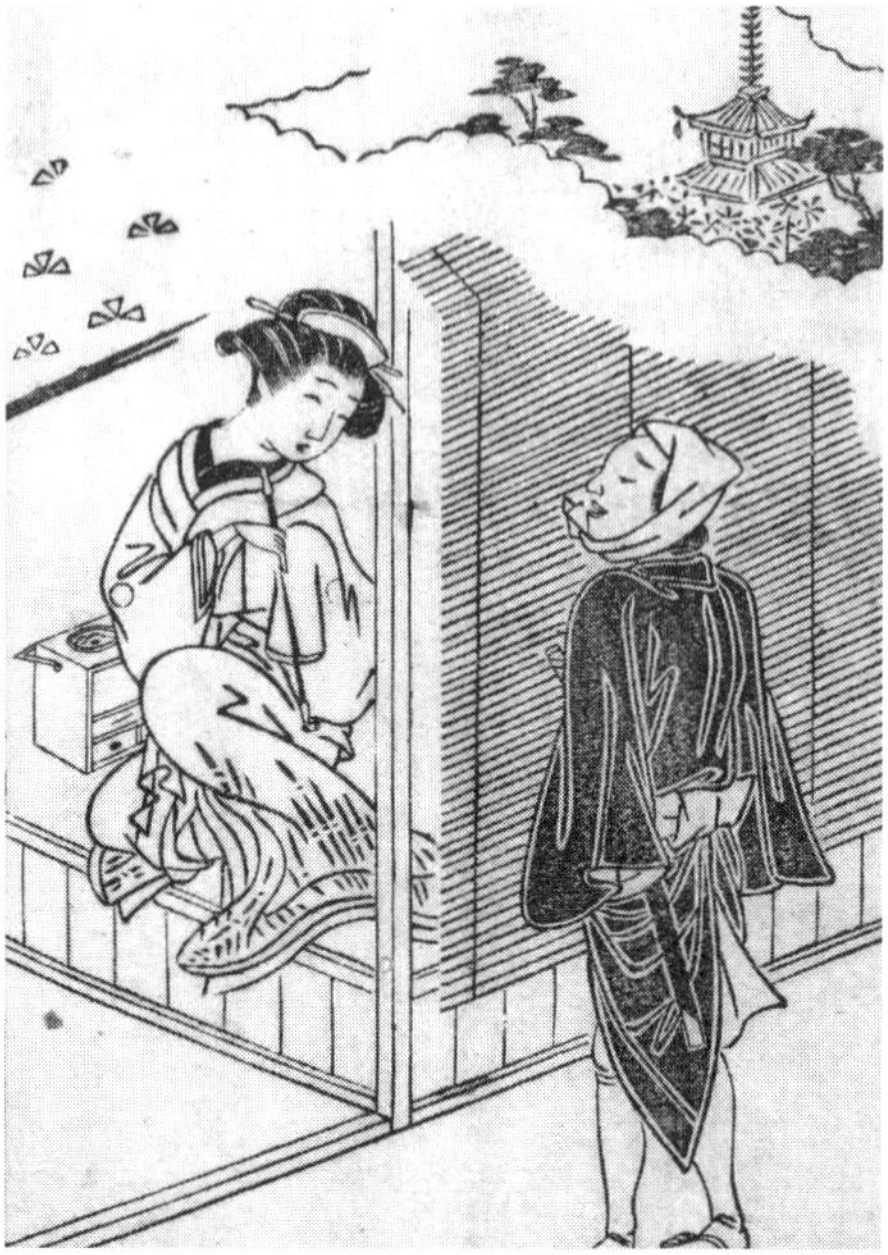
谷中の「いろは茶屋」の遊女。店頭に葦簀を下げている店が多かった。絵にはないが、そのほかに「いろは」と染め抜かれた暖簾をかけていた。（『世説新語茶』より）

文しないとならず、客はお銚子を一本注文した。お銚子代は200文のうちに入っている。二本目のお銚子が来ると、延長となる。これを「直し」といい、もちろんもう200文支払わなければならない。

当初、上野の遊女は泊まりはやらなかったが、全盛期を迎えた頃には客の求めに応じて泊まりをとる者もあらわれた。泊まりの場合の代金は金2朱（500文、約1万2500円）で、泊まりの場合、客もちで料理をとるのが慣例だった。

「けころといえば山下」というほど賑わった上野周辺だったが、全盛期のすぐあとに衰退してしまう。1787年（天明7）からはじまった幕府による寛政《かんせい》の改革は庶民の贅沢を禁止し、岡場所も厳しく取り締まられたのである。上野広小路、山下、下谷も取り締まりの対象となり、けころはほぼ全滅したといい、遊女屋となっていた水茶屋はすべて取り潰された。

とはいえ、上野周辺の岡場所としての機能が終わったわけではない。けころは全滅したが、

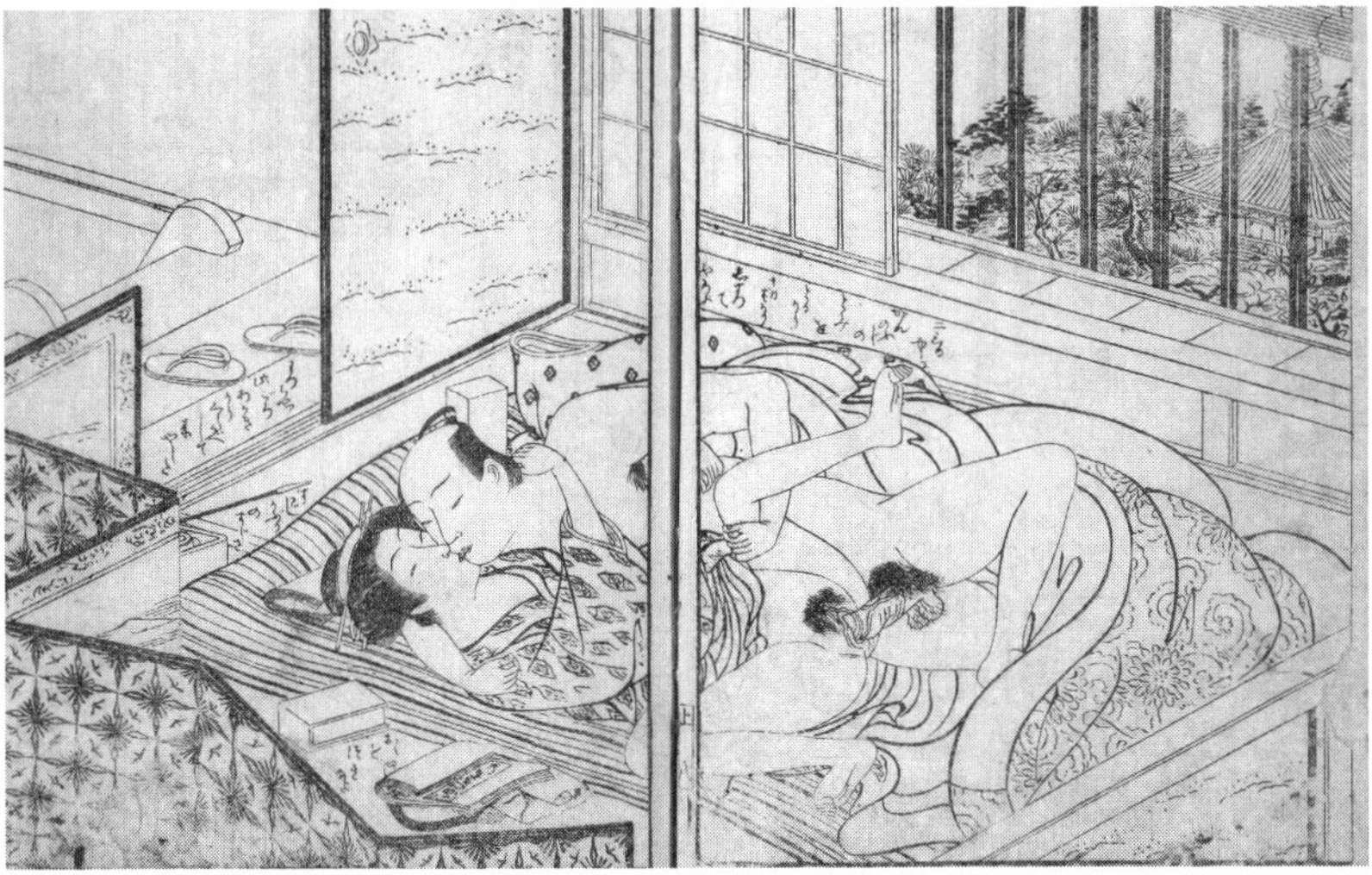

「いろは茶屋」での遊女との情事。茶屋の２階が売春の場所だった。(『色道満之伝』より)

その代わりに芸者があらわれるようになった。しかし、けころがいた頃のような賑わいを取り戻すことはできず、明治維新を迎えることになる。

　上野の山の向こう側にあった谷中《やなか》も、有名な岡場所だった。そこには「いろは茶屋」と称する茶屋が、感王寺《かんのうじ》の裏あたりに十数軒あり、入り口のところに「いろは」と染め抜かれた暖簾《のれん》がかかっていた。谷中は上野ほど賑わってはおらず、客の多くが僧侶だった。

　谷中の店はいわゆる「四六《しろく》見世」が多く、遊び代は昼が６００文(約１万５０００円)、夜が４００文（約１万円）であり、上野よりも高かった。

　そのほか、一と切２朱の店もあり、上野での泊まりと同じ金額である。

根津権現の門前町として発展

根津周辺の遊女

上野の近くで繁栄した下町の門前町に現出した遊里。

吉原に劣らぬ繁栄を誇った根津

1706年（宝永《ほうえい》3）、根津権現《ねづごんげん》社の社殿造営がはじまると、これに従事する大工や左官らを相手にする茶屋や屋台ができ、やがて女性に接客させるようになった。これが、岡場所としての根津のはじまりとなる。『武江年表《ぶこうねんぴょう》』（1850年成立）には正徳《しょうとく》年間（1711〜1716年）に「此《こ》の頃より根津門前町遊女屋出来《しゅったい》す」とある。

宝暦《ほうれき》年間（1751〜1764年）の根津について、『当世武野俗談《とうせいぶやぞくだん》』（1757年成立）には、「叡山《えいざん》（上野寛永寺のこと）の桜花嵯峨吉野《おうかさがよしの》にもまさり、不忍《しのばず》の蓮《はす》は蓮渓《れんけい》の如《ごと》く。根津門前の茶屋は各々山水《おのおのさんすい》を構《かま》へし物古《ものふ》りたる構造なるを称し、且川島屋《かつかわしまや》のお岩《いわ》と呼ぶ遊女の反哺《はんぽ》の孝《こう》に因《ちな》みて衣類調度に悉《ことごと》く鳥の模様を付し、世に鳥岩《とりいわ》と異名を取りたる」と書かれている。根津では、親孝行のために奉公していたお岩という遊女が評判になっていたというのだ。

根津の遊里は明治維新後も存続を認められており、繁盛した岡場所のひとつだった。（『古代江戸繪集』部分）

『風流《ふうりゅう》志《し》道軒伝《どうけんでん》』という書に宝暦年間の代表的な岡場所が列挙されているが、「ぢく谷（新宿区住吉町）、世尊院《せそんいん》（杉並区阿佐谷北）、人を引出すおたんす町（台東区根岸）、八まん（江東区富岡）たまらぬお旅のさわぎ、三味の音じめの音羽町（文京区音羽）、かたり明かして夜を根津」とあり、江戸庶民の間で根津が有名な岡場所だったことがわかる。

幕府は、寛政の改革で岡場所の取り締まりをはかったが、根津はその取り締まりを逃れて発展した。そもそもは10

江戸時代後期の根津・本郷周辺絵図

江戸時代後半の根津・本郷付近の切絵図（国立国会図書館蔵）。根津・本郷・湯島・上野と、付近には有名な岡場所が密集している。

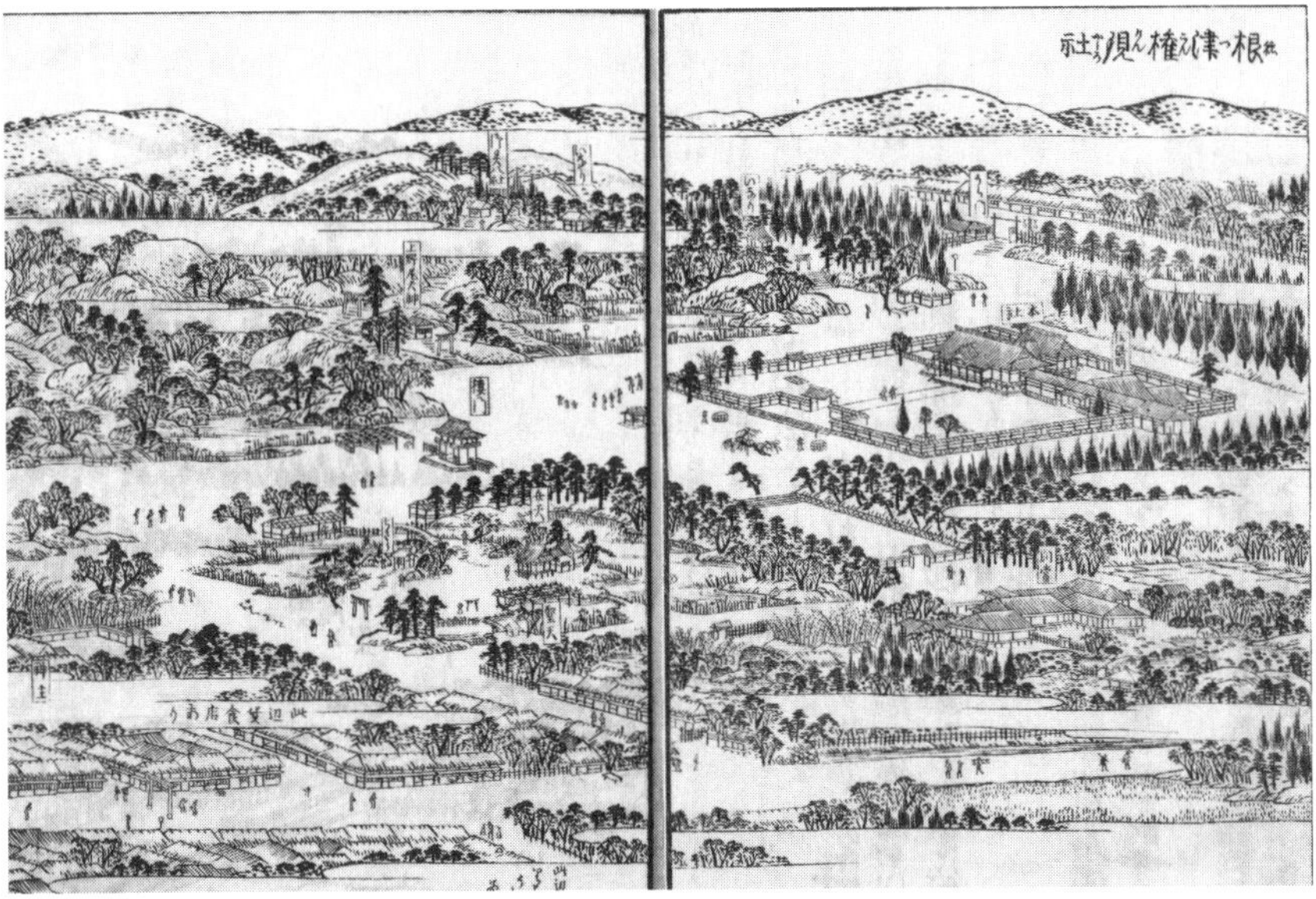

根津権現社の境内。町奉行の規制が届かない寺社の境内は、私娼にとって働きやすい場所だった。(『江戸名所図会』より)

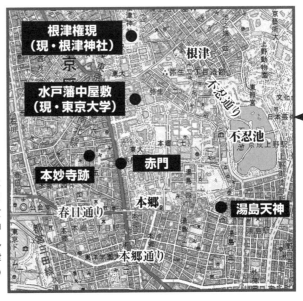

現在の池之端２丁目あたりから根津神社に至るまでの不忍通り沿いに遊女屋が並んでいた。根津神社が天下普請で建立されたという経緯から、根津の岡場所には大工などの職人の客が多かった。

0文（約2500円）程度の安価で遊べる場所だったのが、夜400文（約1万円）、昼600文（約1万5000円）のいわゆる四六見世《しろくみせ》となり、文化《ぶんか》・文政《ぶんせい》期（1804〜1830年）の頃には、木村《きむら》屋、中田《なかだ》屋といった昼夜1分（約2万5000円）の見世があらわれた。

根津の発展はまだまだ続き、『花知留里《はなちるさと》』という書には、「根津、権現様惣門《そうもん》前、左右前後建ならぶ事ひつゝなり。金二朱、五百文、六百文、寝間《ねま》座敷にして、客多く有る節割床《わりどこ》になし、随分よろしく、何事によらず女風俗も格外よろしく茶屋などより送り客も有之、芸者男女男共金二朱」という記述があり、かなりの遊客が大挙している様子がわかる。金二朱は現在の価格に換算すると、だいたい1万2500円くらいである。

1836年（天保《てんぽう》7）、1838年（天保9）の大火で大店や、宮永町《みやながちょう》・七軒町《しちけんちょう》が焼けたが、『花知留里』には、その直後と思われる根津の地図が残されている。それを見ると、門前町の入り口には、吉原の大門《おおもん》よろしく惣門《そうもん》が建てられ、そこから根津権現社へ続く門前町には30軒弱の遊女屋が所狭しと建ち並んでいる。

こうして岡場所として繁栄した根津ではあったが、同じように江戸で繁盛した深川《ふかがわ》とは、明らかに趣を異にしている。それは、根津を描いた洒落本《しゃれぼん》が『根津見子楼茂《ねづみころも》』しか残されていないことからもわかる。そこには「何もかも少しも北州（吉原）におとらぬ気風おっとって出口の柳あれば楓《もみじ》の番所あり、大門あれば惣門あり、仲の町あれば七軒町あり」と書かれているが、残念ながら、深川遊女のように一斉を風靡することはなかった。

吉原を抜いてトップに立った明治以降の根津遊郭

その後、天保の改革（1847年）で江戸の岡場所は弾圧を受けることになり、千住《せんじゅ》宿、板橋《いたばし》宿、内藤新宿《ないとうしんじゅく》、品川《しながわ》宿の江戸四宿をのぞいて撤去させられた。根津も例に漏れず、多くの遊女屋が吉原へ移転させられ、根津は一気に閑散としてしまった。しかし、天保の改革が失敗すると、嘉永《かえい》年間（1848～1854年）に根津は岡場所として復活した。1860年（万延《まんえん》1）には大火で焼けた新吉原の仮宅《かりたく》が許され、一時の活気を取り戻した。幕末の混乱のなか、幕府は財政再建のため、遊郭からのテラ銭を見込んで、根津にも遊廓開設の許可を与えた。

そして維新後、新政府は根津遊郭に対して「根津大神社地ならびに門前妓院の件は、旧幕府が許可したもので、本来なら取払いを申しつけるところだが、町民は困窮し、土地を失ったり離散する町民を救いたいとの神主共の願いもあるので、現在ここで渡世をしている三十軒に、今年より五カ年だけ営業を許す」とし、30軒の遊女屋に営業の許可が下った。芸者と遊女は合わせて128人だった。

根津遊郭は、1872年（明治5）の娼妓解放令《しょうぎかいほうれい》によって貸座敷《かしざしき》と名を変えた。5年の期限つきの営業だったはずだが、その都度、本郷《ほんごう》警察署に営業を願い出ては許され、維新政府の交付書はなかば空文化していた。1879年（明治12）の段階で、根津は貸座敷90軒という大所帯となり、娼妓は５７４人にものぼった。根津遊郭の勢いはやまず、３年後には吉原を抜いて、貸座敷１０６軒と東京でトップの座に上り詰めた。娼妓の数も、吉原の１４２４人に次いで２位の９４３人を数えた。当時の年間遊客数は、なんと31万人というから驚きである。

やがて、根津の近くにあった帝国大学の学生たちがこぞって根津遊郭に入り浸るようになり、それを問題視した文部省によって、遊郭は洲崎へ移転させられることになり、根津遊郭は消滅した。

本郷、湯島、丸山にもあった岡場所

根津周辺には、根津以外にも岡場所があった。まず、本郷には『文政寺社書上《ぶんせいじしゃかきあげ》』に「土弓場《どきゅうば》十三ヶ所　茶店十三ヶ所」とあり、それぞれの店に遊女たちがいた。『五月雨草紙《さみだれぞうし》』という書には、「田沼《たぬま》侯の妾《めかけ》は元小禄の時、ある楊弓場《ようきゅうば》に出たる女を召たるにて後に御部屋と称して尊榮《そんえい》あり」との記述がある。明和《めいわ》・天明《てんめい》期（１７６４〜１７８９年）に幕政改革で辣腕《らつわん》を振るった田沼意次《おきつぐ》は、本郷古庵《こあん》屋敷（現東京都文京区）に住んでおり、近所の楊弓場に通い、そこで妾をつくったとある。

本郷、湯島には大根畠《だいこんばたけ》と呼ばれる岡場所があった。田沼時代（１７６７〜１７８６年）に全盛期を迎え、20軒以上の遊女屋があり、96人の遊女の名が記録されている。しかし、大根畠は

１７９８年（寛政10）に取り払われてしまった。文化年間（１８０４～１８１８年）に再興の機運が高まったものの、結局は失敗に終わり、以降は消滅してしまった。

大根畠という遊里はなくなったが、その後も遊女屋は存続していたようで、洒落本『一目《ひとめ》土堤《つつみ》』には、湯島の大超坂《だいちょうざか》（妻恋坂《つまこいざか》）の上にあったやすがい町（春日居町《かすがいちょう》）の遊女屋の話が載っている。

また、本妙寺《ほんみょうじ》・長泉寺《ちょうせんじ》あたりから菊坂《きくざか》あたり一帯を丸山《まるやま》といい、本郷丸山の岡場所として有名だった。１７４４年（延享《えんきょう》２）の『洞房古鑑《どうぼうこかん》』に、本郷菊坂の蝶《ちょう》屋の抱え女そでという遊女が駆け落ちした事件が掲載されており、少なくとも、その時点で岡場所があったことは確からしい。

本郷の遊女。二枚歯の下駄を履いており、いかにも遊女らしい姿をしている。（『東都本郷光景』部分）

丸山は１８０３年（享和《きょうわ》３）頃に取り壊しとなったが、その当時の遊女として、羅生門《らしょうもん》おきち、玉《たま》やおたま、うでのおまつなどが人気を博していたという。

寺社に占められた町の遊里

芝周辺の遊女

芝神明町から麻布にかけての地域も、江戸有数の岡場所として発展した。

神明社の門前で商売をはじめた水茶屋が起源

現在、芝大門一丁目に鎮座する芝大神宮は、江戸時代は「芝神明社」とか「江戸《えど》神明宮《しんめいぐう》」、「飯倉《いいくら》神明宮」などと呼ばれていた。もともと赤羽橋《あかばねばし》あたりにあったが、1598年（慶長《けいちょう》3）に増上寺《ぞうじょうじ》が移転してきたため現在の地に移った。境内や門前には水茶屋をはじめ絵草子《えぞうし》屋や芝居小屋などがずらりと立ち並び、富《とみ》くじや相撲興行なども行われ、大いに賑わった。

このうち水茶屋が、秘密の遊女屋だった。水茶屋は表を葦簀《よしず》で囲い、奥の土間には簡単な畳床几が置いてあった。その奥の座敷に階段がしつらえてあって、階段を上ると特別な座敷があった。そこで客が遊興できるようになっていた。

水茶屋は、初期は本当の茶屋で、団子や香煎湯《こうせんゆ》（大豆を煎《い》って粉にして、そこに紫蘇《しそ》と山椒《さんしょう》の実、みかんの皮などの粉末を加えて湯を注いだもの）を提供していた。そのうち、商売繁盛

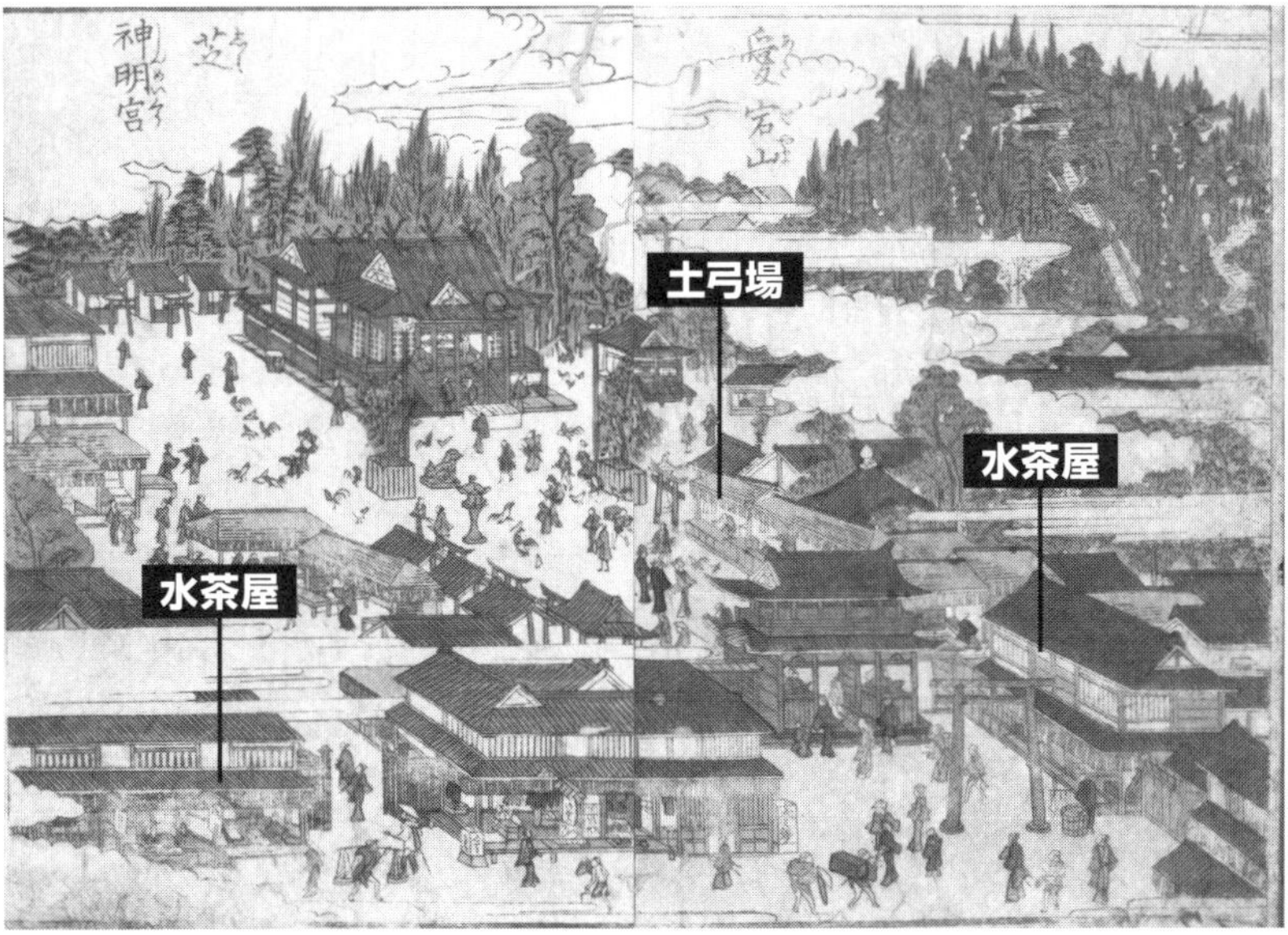

芝神明宮は江戸幕府の庇護を受け、多くの参詣客を集める神社だった。境内・門前では多くの店が建てられ、境内にある水茶屋では男性相手の売春も行われた。（『絵本江戸錦』より「芝神明宮」）

のために見た目のよい女性を茶汲《ちゃく》みや呼び込みに雇い、しだいに彼女たちが春を売るようになった。

芝神明に遊女が集まるようになったのは、宝暦《ほうれき》年間（1751〜1764年）の頃といわれている。1758年（宝暦8）に芝神明社の門前に町屋づくりの許可がおり、その後、参詣人を相手にした遊女が住み着いたという。

松平定信《まつだいらさだのぶ》による寛政の改革（1787〜1793年）により、遊里としてはいったん衰退したが、ほとぼりがさめると再び水茶屋や土弓場《どきゅうば》が置かれた。土弓場とは、客に弓を射させる娯楽場で、射られた弓を拾うために女性を雇い、

江戸時代後期の芝神明社周辺絵図

江戸時代後半の芝神明社周辺の切絵図（国立国会図書館蔵）。増上寺の門前町でもあったこと、周辺に大名屋敷が密集していたことから岡場所としても発展した。

芝神明社の境内には茶屋が建ち並び、土弓場などの娯楽施設もあった。そのほか芝居小屋もあったため、陰間茶屋も進出してきていた。(『江戸高名会亭尽』より「芝明神社内」)

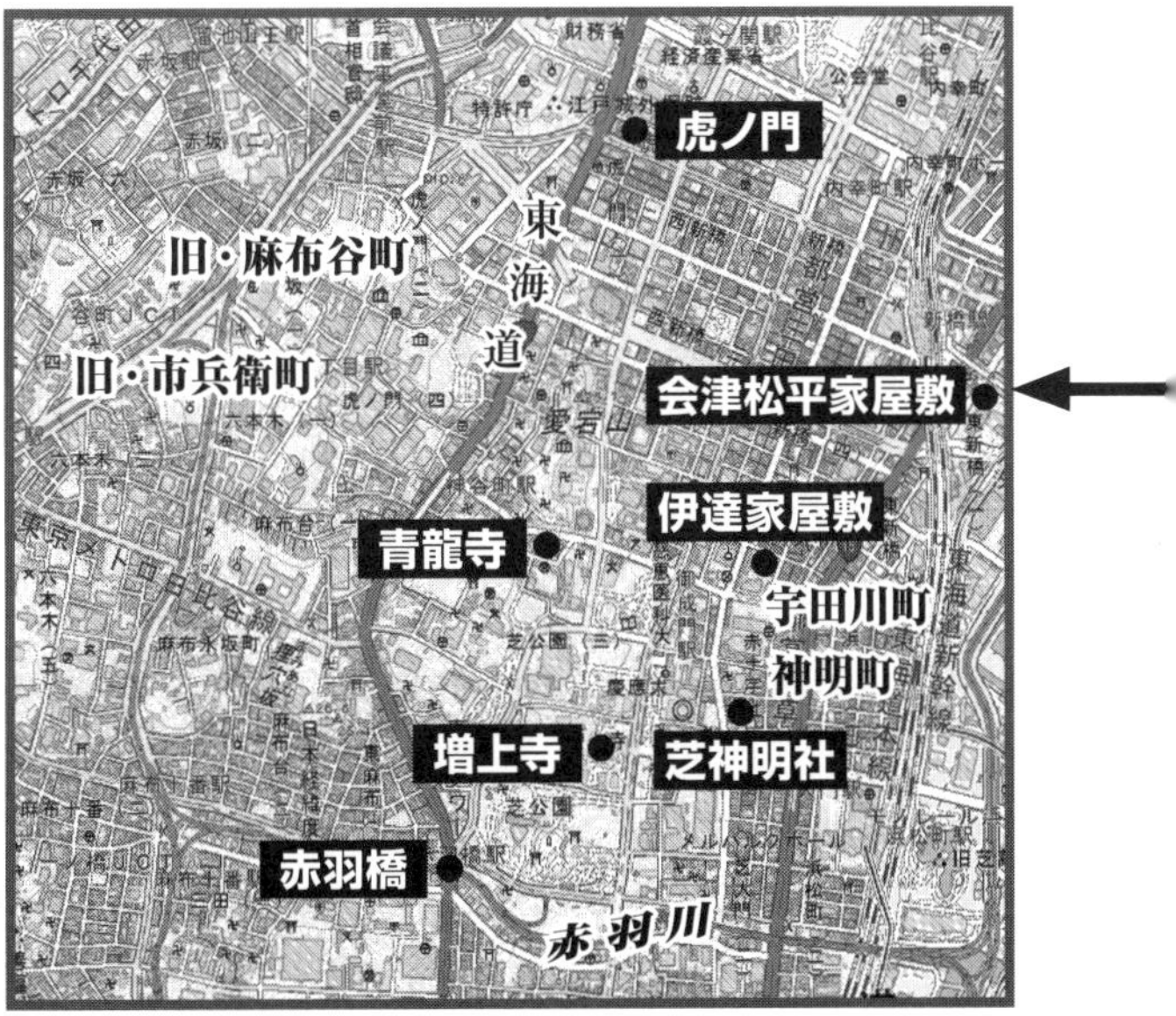

神明町から青龍寺を経て市兵衛町、麻布谷町まで広い範囲で遊女が活動し、広い岡場所を形作っていた。

彼女たちは「矢取女《やとりめ》」と呼ばれた。この矢取女は、水茶屋の女性のように春を売ることもあった。

寛政の改革後につくられた水茶屋を古見世《ふるみせ》、文政《ぶんせい》年間（1818〜1831年）以降にできた水茶屋を新見世《しんみせ》といい、古見世のほうが遊女の質がいいとうわさされていた。

町人だけでなく僧侶も武士も通った遊里

芝神明の遊里としての全盛期は天保《てんぽう》年間（1831〜1845年）で、『江戸繁盛記《えどはんじょうき》』（寺門静軒《てらかどせいけん》著）という書には「神明も亦《また》、南郭《なんかく》の一繁昌社なり」と記されており、大いに繁盛していた様子がわかる。

神明社界隈のいちばんの客は、江戸の城南《じょうなん》に居住する町人たちだったが、増上寺が近くにあるほか、増上寺の周りは寺院で占められており、僧侶の客も多かった。また、紀伊《きい》徳川家や会津松平家《あいづまつだいら》、仙台伊達家《せんだいだて》など武家屋敷も多く、武士も神明社の岡場所には多く通ったという。

芝で秘密裡に売春を行っていた遊女は、ほとんどが「呼出《よびだし》」だった。呼出とは、遊女屋（芝の場合は水茶屋や土弓場）に登録しておいて、指名がかかったら遊女屋や出張先に出向く遊女のことだ。このあたりの遊女の遊び代の相場は、だいたい一と切（約1時間）で銀7匁《もんめ》5分《ふん》（金2朱《しゅ》、現代の相場で約1万2500円）だった。もちろん、あくまで相場であり、これより安く遊べる場合も多かった。

文政《ぶんせい》年間（1818〜1831年）のこと、神明町の隣の芝宇田川《うだがわ》町に「若鶴《わかつる》」と「白瀧《しらたき》」という隣り合わせの遊女屋があった。当初は二軒とも、幕府をはばかって秘密で商売をしていたが、隣同士であったがゆえに競争となり、片方が増築すれば、もう片方も増築するといった状況で、両店ともやがて20間ほどの座敷を有するようになった。そうなると客層もよくなり、

芝神明の女性が眉毛を剃っている場面。神明町の遊女は、水茶屋や土弓場に所属し、声がかかったら出向いていく「呼出」がほとんどだった。（『江戸名所百人美女』より「芝神明町」）

諸藩の江戸詰めの高禄の武士や富裕な町人などが利用するようになった。二軒の商売が繁盛すると、料理屋や仕出し屋が近辺に進出してくるのは当然のことで、芝宇田川町は新興の繁華街となった。そのため幕府に目を付けられ、文政年間終わり頃には若鶴も白瀧も取り潰された。しかし、このとき神明町の水茶屋は取り締まりを免れている。

青龍寺や麻布も岡場所として有名だった

芝神明町から北に3キロメートルほど行った、増上寺の裏門近くのところに、青龍寺《せいりゅうじ》という曹洞宗《そうとうしゅう》の寺があった。そのあたりも岡場所になっていた。近くの切通《きりどお》しには時の鐘があり、「今鳴るは芝か上野か浅草か」と詠まれるほど有名だった。こちらも神明町に負けない盛り場であり、葦簀《よしず》張りの屋台や浄瑠璃《じょうるり》小屋、見世物小屋、古着屋、古道具屋、団子茶屋などが立ち並んでいた。

時の鐘が鳴ると、床店《とこみせ》や屋台は店を閉め、その後に夜鷹《よたか》があらわれ、客の袖を引っ張った。夜鷹とは遊女屋などに所属せず、路上で商売をした遊女で、一回32文（約800円）が相場だった。また、売春宿もあり、周辺が一面に桐の畑地になっていたため、周辺の売春宿は「桐《きり》畑《はた》」と称された。

増上寺の北西に位置する麻布《あざぶ》にも売春宿はあり、麻布市兵衛《いちべえ》町（現在の六本木一丁目あたり）が盛んだった。この地の遊女は「ちょんころ」と呼ばれ、一と切で1000文（約2万5000

0円）だった。麻布市兵衛町の隣の麻布谷町《たにまち》は江戸時代初期から売女業が行われていた土地で、その起源は湯女《ゆな》風呂である。湯女風呂には二種類あって、ひとつは夕方の七ツ（午後4時頃）

江戸時代初期、吉原遊郭ができるまで、売春といえば「湯女」だった。麻布にも湯女がおり、その後も麻布は岡場所として私娼が商売する土地となった。（『旅枕五十三次』より）

まで湯屋営業をし、それ以後は洗い場をお座敷に替えてそこで春を売る。もうひとつは、昼夜ともに湯屋を営業し、2階に休息用の座敷をしつらえ、そこで売春を行う。この遊女を「湯女」と呼び、三味線を弾いたり酒のお酌をしたりして、夜の相手もつとめた。元吉原に遊郭ができたとき、湯女も元吉原に移籍したため湯女風呂はなくなったが、増上寺に近いという土地柄もあり、岡場所としての歴史は続くことになった。

また、芝西応寺《さいおうじ》町のあたりには売《うり》比丘尼《びくに》がいて、自家に客を引き込んでは商売していたという。

護国寺の門前町と赤城明神社の門前町

音羽周辺の遊女

護国寺の門前町の遊女は深川を真似し、深川と張り合った。

音羽と神楽坂の遊女たち

護国寺《ごこくじ》の門前町である音羽も岡場所として有名だった。護国寺は檀家をもたない珍しい寺院である。

音羽は一丁目から九丁目に分けられていて、五丁目から九丁目までが遊女のたまり場となっていた。

ほかの門前町の岡場所と同様、水茶屋が売春の温床となっていたが、五丁目には十数軒の局《つぼね》見世《みせ》があった。局見世とは最下級の遊女屋で、長屋形式で5軒ほどがそこで営業していた。七丁目にも局見世があり、どちらも遊び代は200文（約5000円）と格安だった。

一方、水茶屋の遊び代は、一と切100文（約2500円）～600文（1万5000円）と幅があったが、600文の遊女は吉原《よしわら》でいう「座敷持ち」クラスの高ランクの遊女だった。

この遊女の場合、昼夜通しで遊ぶと１２００文かかった。１００文の遊女は、いわゆる「廻《まわ》し」（一日に何人も客をとる遊女のこと）で、泊まりはやらなかった。

音羽の遊女は深川から流れてきた者が多かったのか、深川のように「子供」と自称しており（深川では遊女のことを「子供」と呼んでいた）、深川を真似て伏《ふ》せ玉《だま》と呼出のシステムを使うなどしていた。

音羽五丁目にあった局見世の様子。見世の男が通行人を呼び込んでいる。（『世説新語茶』より）

音羽は岡場所として繁盛したようで、１７３１年（享保《きょうほう》16）に町奉行の大岡越前守《おおおかえちぜんのかみ》が公娼制度の維持のために新たに遊里を公認することを上申した際、深川や根津と並んで音羽も候補のひとつに挙げられている。

また、１７０５年（宝永《ほうえい》2）には、歌舞伎を演ずる江戸三座《えどさんざ》のひとつ中村座《なかむらざ》で興行された『傾城嵐曾我《けいせいあらしそが》』という歌舞伎では音羽の岡場所が舞台になっており、

江戸時代後期の音羽周辺絵図

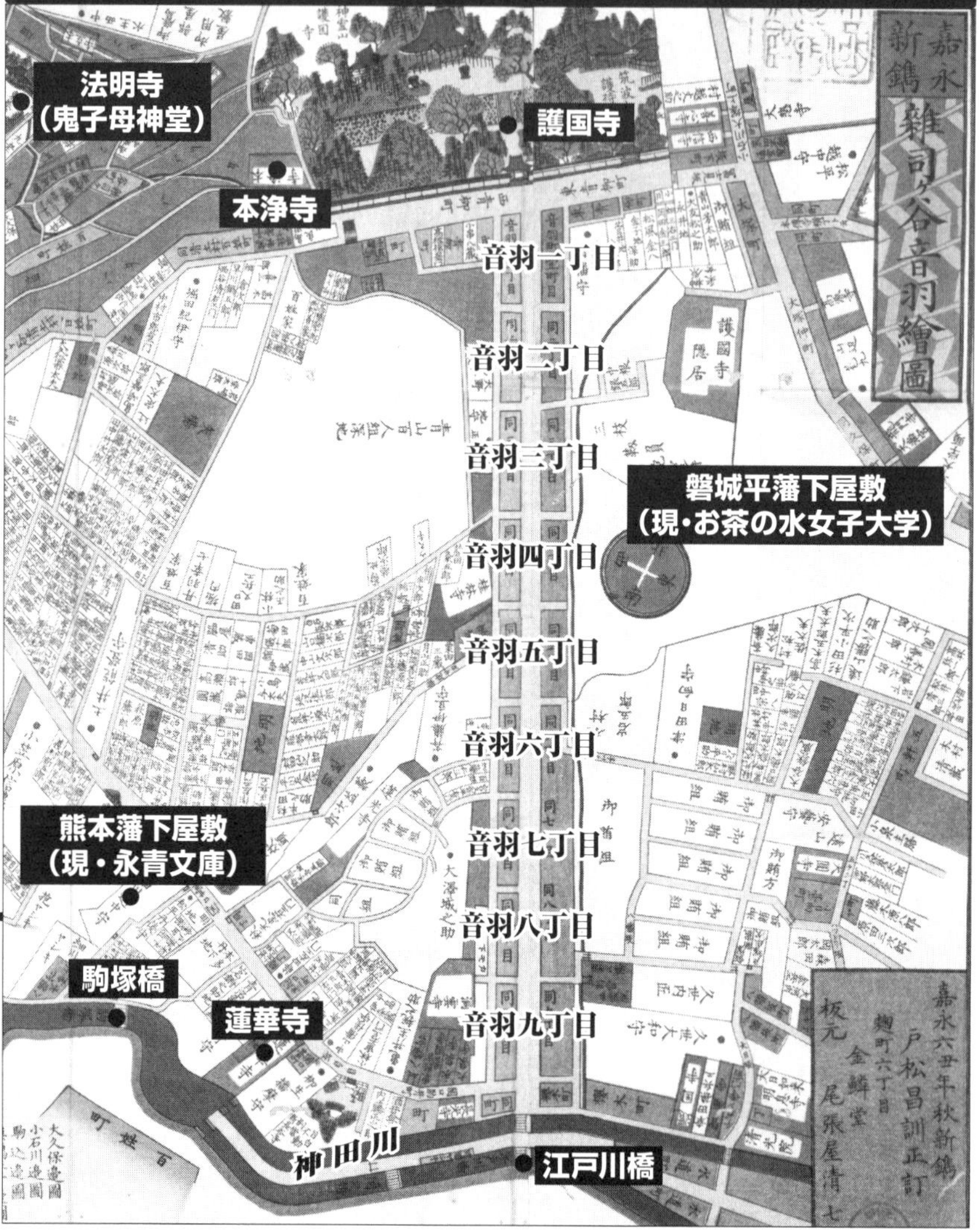

江戸時代後半の音羽付近の切絵図（国立国会図書館蔵）。護国寺から江戸川橋に至るまでが音羽一丁目から音羽九丁目に分かれており、五〜九丁目あたりが岡場所の中心となっていた。ちなみに江戸川橋は江戸川に架かっているのではなく、流れているのは神田川である。

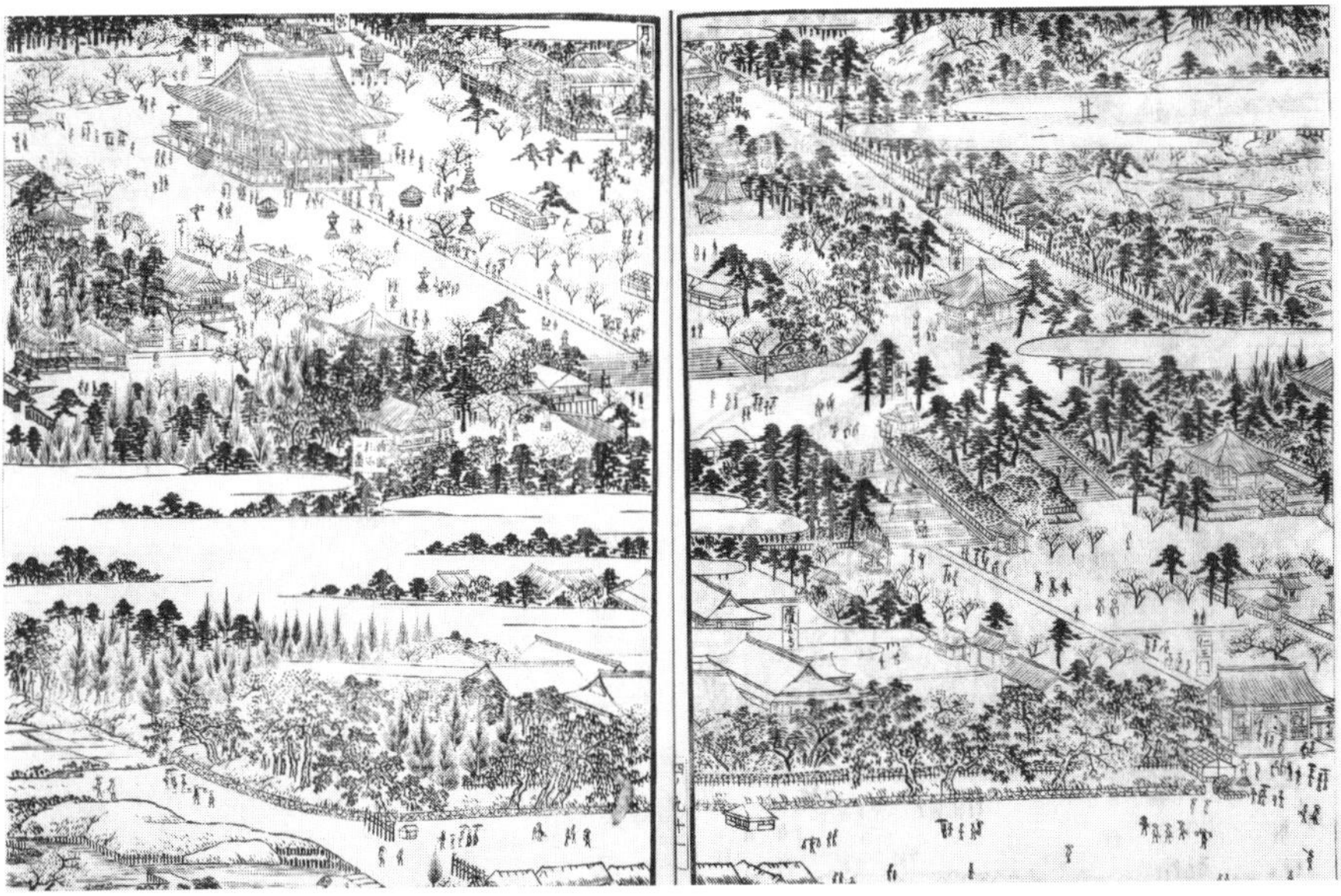

『江戸名所図会』に描かれた護国寺。江戸幕府の庇護を受けて発展し、その門前町も賑やかになった。

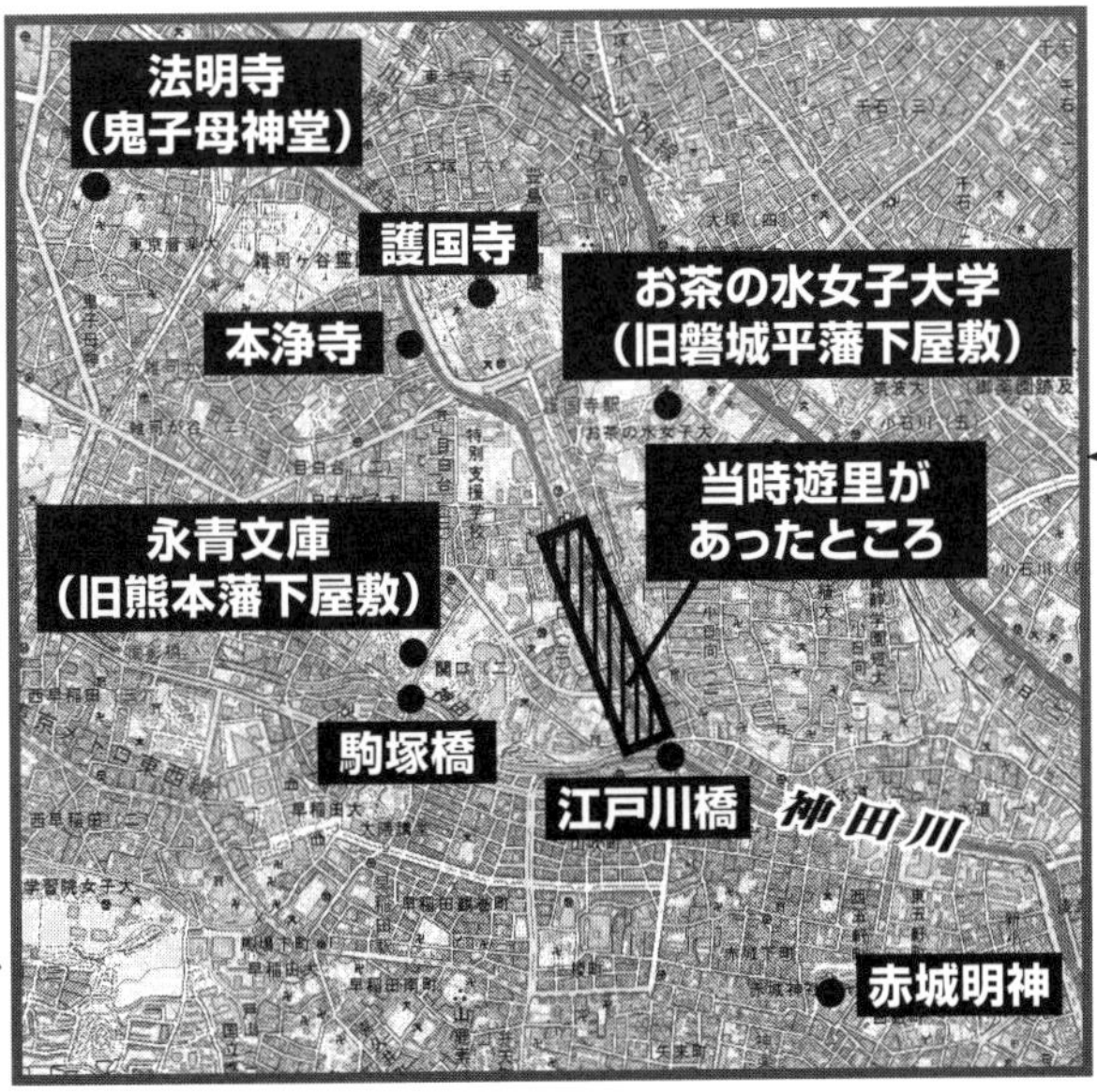

音羽という地名は現在も残っており、護国寺も江戸川橋も現存する。護国寺から江戸川橋までの道は一本道となっていて、この通り沿いに遊女屋が立ち並んでいた。

『江戸名所図会』に描かれた赤城明神社。この門前に「山猫」と呼ばれる遊女が商売をしていた。

その繁栄ぶりがうかがえる。

江戸四宿のひとつでもある板橋では、飯盛女たちの間では「風俗即《すなわ》ち髪かたちは音羽にならう」とまでいわれていたという。

神楽坂の岡場所は赤城明神社の門前町

音羽から神田川《かんだがわ》を渡った先の神楽《かぐら》坂《ざか》にも岡場所があった。そこには江戸幕府によって江戸大社の一つに選ばれ庇護された赤城明神社《あかぎみょうじんしゃ》が鎮座していた。

神楽坂の岡場所の発生は延享《えんきょう》年間（1744～1748年）の頃、赤城明神社のそばの五軒町《ごけんちょう》で、そこには数軒の水茶屋があった。上野などの門前町の岡場所と同様に茶汲み女がいて、お茶を提供しつつ春を売っていた。

「神楽坂上に岩戸《いわと》は面白し」「御百度《おひゃくど》で岩戸もぬれる神楽坂」と川柳に詠まれているように、神楽坂は岡場所として有名だった（岩戸は女陰のこと）。

神楽坂の遊女は「赤城の山猫《やまねこ》」と呼ばれていた。遊女は隠語で「寝子《ねこ》」と呼ばれることがあり、それが転じて「猫」と書くようになった、寺や神社は山の上に建てられることが多かったため、猫に「山」をつけて「山猫」というわけである。

赤城の山猫は水茶屋に所属する「呼出」(客に呼ばれてから出勤する遊女)で、一と切で1分(1000文）か銀10匁（約660文、約1万7000円）だった。

『婦美車紫鹿子《ふみぐるまむらさきかのこ》』のランク付けによれば、神楽坂は上から3番目の「上品下生《じょうぼんげしょう》」にランクインしている。品川のひとつ下、内藤新宿のひとつ上だから、かなり格上と認識されており、そのため遊び代も上野などよりも高く設定されていた。

浅草寺周辺に誕生した遊里

浅草周辺の遊女

吉原遊郭があった浅草にも、非公認の岡場所があった。

浅草で繁盛した水茶屋の茶汲女

浅草には江戸唯一の公認遊郭の吉原があったが、この地にも岡場所はあった。1784年(天明《てんめい》4)、吉原で大火が発生したとき、仮宅《かりたく》営業を認められたのが、浅草寺《せんそうじ》の門前町だった花《はな》川戸町《かわどちょう》、並木町《なみきちょう》、三間町《さんげんちょう》と、浅草寺境内にあった南馬道町《みなみうまみちちょう》、南馬道新町の5カ所だった。浅草寺以外では、新鳥越町《しんとりごえちょう》、橋場町《はしばちょう》、今戸町《いまどちょう》、山川町《やまかわちょう》にも仮宅営業の許可が下りた。これらの場所での営業許可日数は250日間と決められていたが、実際は400日以上も営業を続け、仮宅が取り払われた後も、少なくとも三間町と馬道には岡場所が存在していた。馬道の遊女屋は、金一分(約2万5000円)という高額の遊女屋で、『婦美車紫鹿子《ふみぐるまむらさきかのこ》』によるランキングでは、吉原とともに最上位である「上品上生《じょうほんじょうしょう》」に格付けされている。また、東本願寺《ひがしほんがんじ》の敷地内で、朝鮮通信使が宿舎にしていた跡地に岡場所ができ、朝鮮長屋と呼ばれた。

浅草寺《せんそうじ》の南西にあたる浅草新寺町に日蓮宗《にちれんしゅう》の長遠寺《ちょうおんじ》があった。その隣には蓮光寺《れんこうじ》と連妙寺《れんみょうじ》、その隣に経王寺《きょうおうじ》と吉祥院《きっしょういん》、その隣に栄蔵院《えいぞういん》があり、この6つの寺院で一画を占めていた。ここの門前には、「ドブ店」と呼ばれた安い遊女屋があった。この一画の向かい側にあった善慶寺《ぜんけいじ》の門前も岡場所となっていた。このあたりには江戸時代中期頃に下級の遊女屋である四六見世もできたといわれている。このあたりの揚代《あげだい》は昼600文、夜400文だった。

この「ドブ店」という名の由来はわかっていないが、『色里名所鑑《いろざとめいしょかがみ》』という洒落本に「泥中《でいちゅう》庵《あん》という庵あり、ここに中将姫《ちゅうじょうのひめ》の曼荼羅《まんだら》あり、村名院号にも汚れず、蓮《はす》の糸筋《いとすじ》四六に見える、庵の脇にほり切有《きり》」と書かれており、このほり切がドブ店のことだろうといわれている。

新寺町通りを一筋進むと、大乗院《だいじょういん》門前となり、そこにも岡場所があった。ここは浅草柳下《やなぎした》と呼ばれ、ドブ店よりさらに安い値段で遊ぶことができた。その隣には万福寺《まんぷくじ》門前があり、50文(約1250円)という格安で遊べる店が多かった。

山谷堀と柳橋に繁栄した遊里

1676年(延宝《えんぽう》4)、吉原で大火が発生すると、幕府は江戸各地に仮宅を設けて、臨時営業を認めた。そのうちの一カ所が、浅草の北東部の山谷堀《さんやぼり》だった。山谷堀は、下谷方面から流れる根岸川《ねぎしがわ》と隅田川が合流する地点で、船着き場として栄えていた。ここに、吉原の仮宅が作

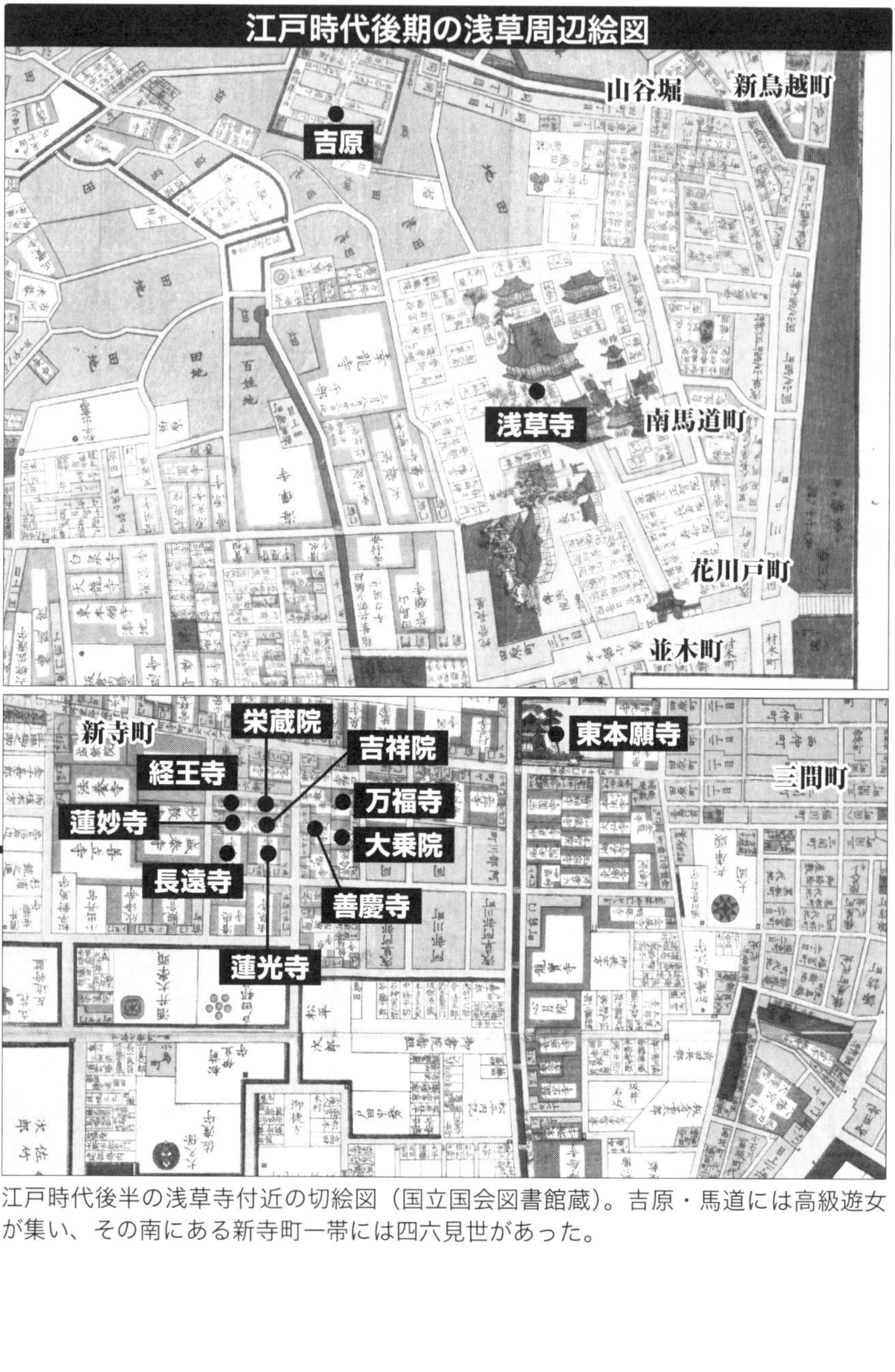

江戸時代後半の浅草寺付近の切絵図（国立国会図書館蔵）。吉原・馬道には高級遊女が集い、その南にある新寺町一帯には四六見世があった。

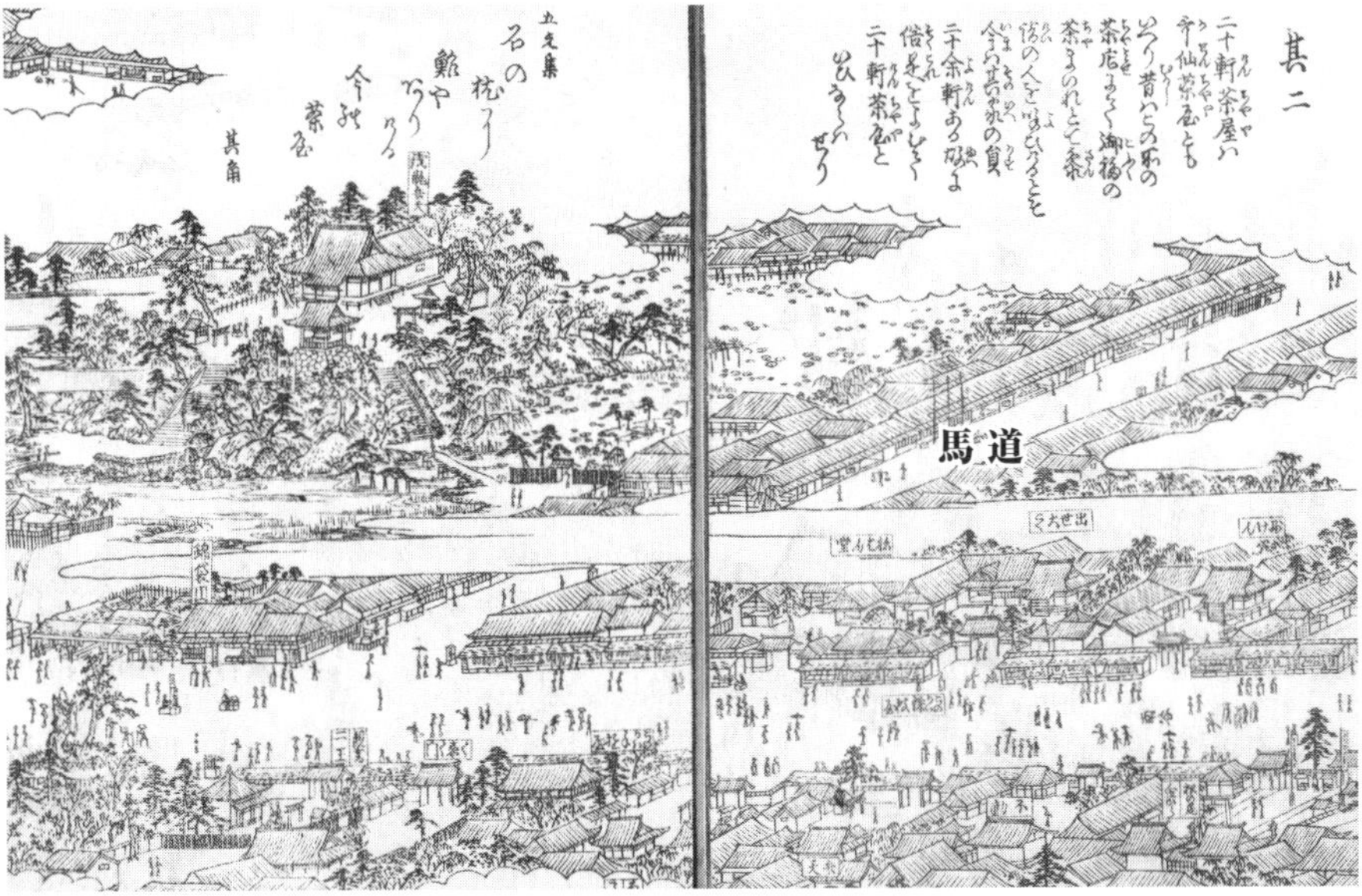

『江戸名所図会』に描かれた浅草寺。その横を抜ける道を「馬道」といい、この界隈には吉原遊女に匹敵する高級遊女が商売をしていた。

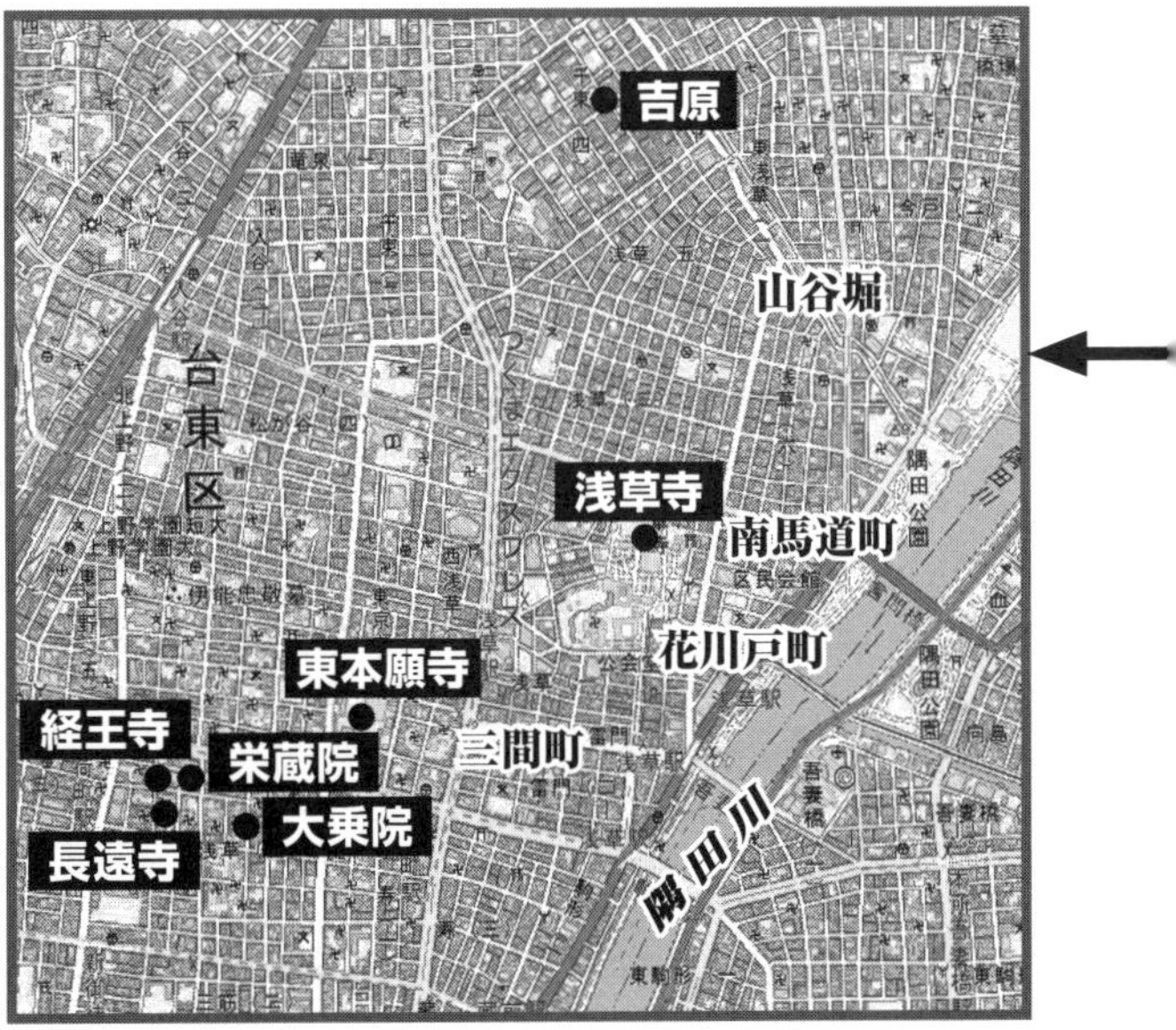

浅草は現在でも寺社が多い町だが、寺社の門前町が遊興地になるのが江戸時代の必然であり、浅草にも多くの岡場所があらわれた。

られたのである。やがて吉原の復興がなると仮宅は取り壊されたが、山谷堀にはそのまま色街が残り、遊女を抱える舟宿が川沿いに建ち並んだ。

ここの遊女たちは「堀の芸者」と呼ばれ、吉原の遊女と異なる江戸っ子気質で評判となった。吉原の遊女たちは馴染みになるまで、ろくに口も聞いてくれないが、堀の芸者はざっくばらんに接してくれるというので、吉原から流れてきた客も大勢いた。

山谷堀以外では、浅草の南方にある柳橋《やなぎばし》も遊里として栄えた。柳橋もまた、隅田川沿いで水運が発達した場所であり、舟宿が繁盛していた。安政《あんせい》年間（１８５４～１８６０年）には、舟宿は30軒、料理屋は20軒にものぼった。ここらは、粋な文人墨客や、諸大名の江戸留守居役などがよく利用していたという。

柳橋の遊女たちは、そのほとんどが江戸出身の娘たちで、吉原の風下に立つことを極端に嫌ったという。寒い冬でも足袋をはかず、裸足で座敷に赴き、吉原以外では裾模様の着物や城袴を禁じられたときには、着物にグレーの中間色を取り入れて粋を表現してみせた。

柳橋は明治になっても繁栄を続け、新橋と合わせて「二橋」と呼ばれた。新橋が維新政府の要人や財閥などの新興勢力に支持されたのに対し、柳橋は古くからの財界勢力と結びついて繁盛していた。柳橋には揚弓場もあり、その先のお茶の水あたりまでの神田川沿いは、夜鷹の本場ともいわれるほど、江戸から明治にかけて遊所の中心となった。

第四章

川沿いの遊女

——水運が発達した江戸の岡場所

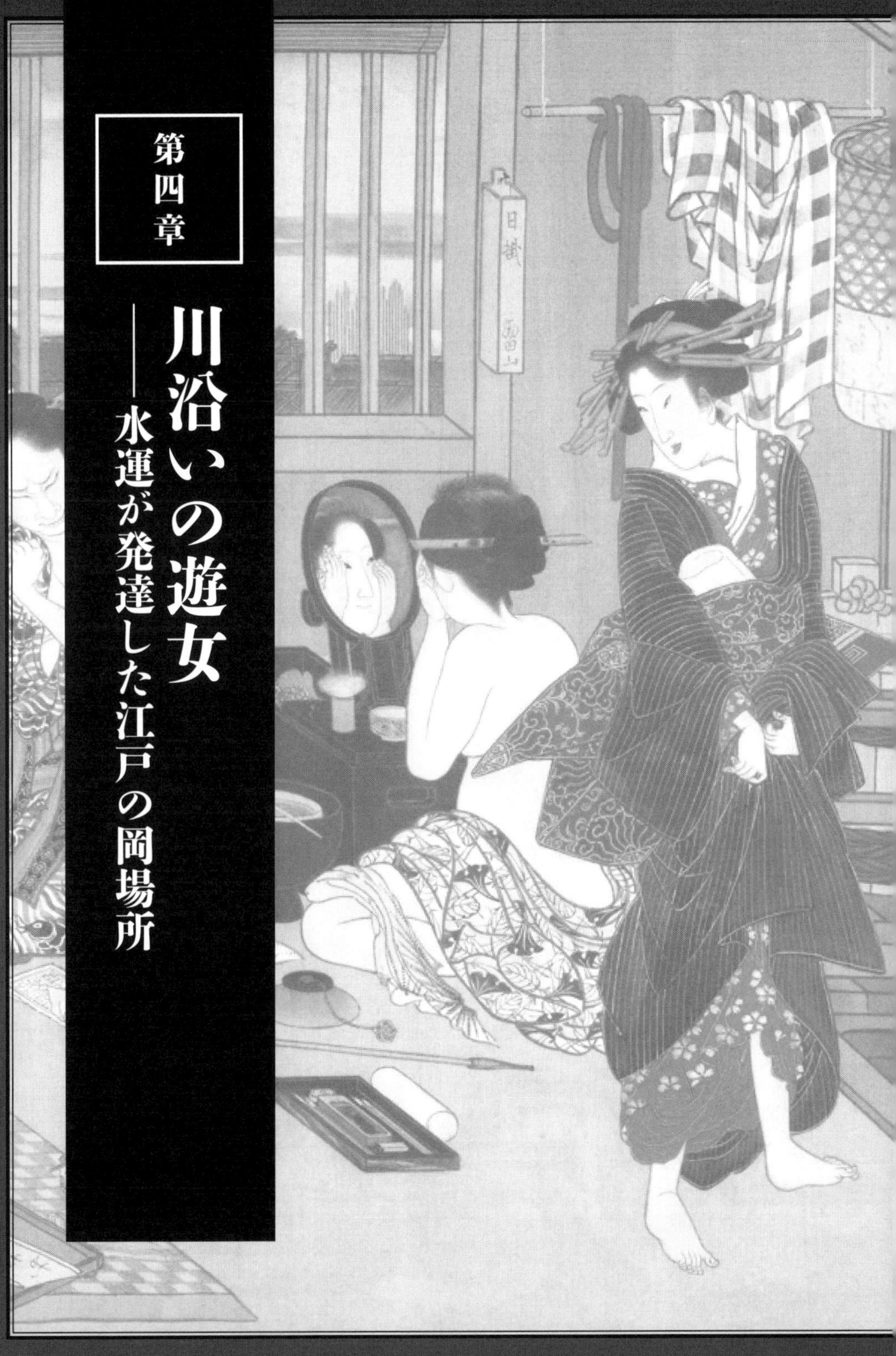

川・水路沿いに岡場所が発生した理由

江戸は水運が発達した町だった。そのため、ちょっとの移動でも水上交通が使われた。川沿いの遊里に遊びに行く客は、みな猪牙《ちょき》という小舟を使っていた。そのため、川沿いの町には舟宿が設けられており、この舟宿がやがて遊女を手引きする存在となる。

舟宿は、遊客の送迎はもちろん、吉原《よしわら》でいう引手茶屋《ひきてぢゃや》の役目も受け持ち、ときには遊女たちに密会の場所を提供することもあった。船頭たちは、近場の遊里での遊びの心得などを教えたり、茶屋を紹介するなど、遊客にとってはなくてはならない存在だった。

茶屋からは、馴染みの客が来ていると舟宿から報せが来ると、「迎え舟」といって遊女や仲居をよこし、客が帰るときも「送り舟」といって舟宿まで送っていった。当時の黄表紙《きびょうし》や洒落本《しゃれぼん》の挿絵には、こうした舟宿の風景がいくつも描かれている。

とくに、深川《ふかがわ》は吉原に並ぶほどの遊里として栄え、深川の遊女は吉原の遊女とともに江戸の文化を彩った。

一方で、川沿いには「船《ふね》まんじゅう」という最下級の遊女もいた。小舟に客を乗せて、水上をひと回りしてくる間に情事を行った。

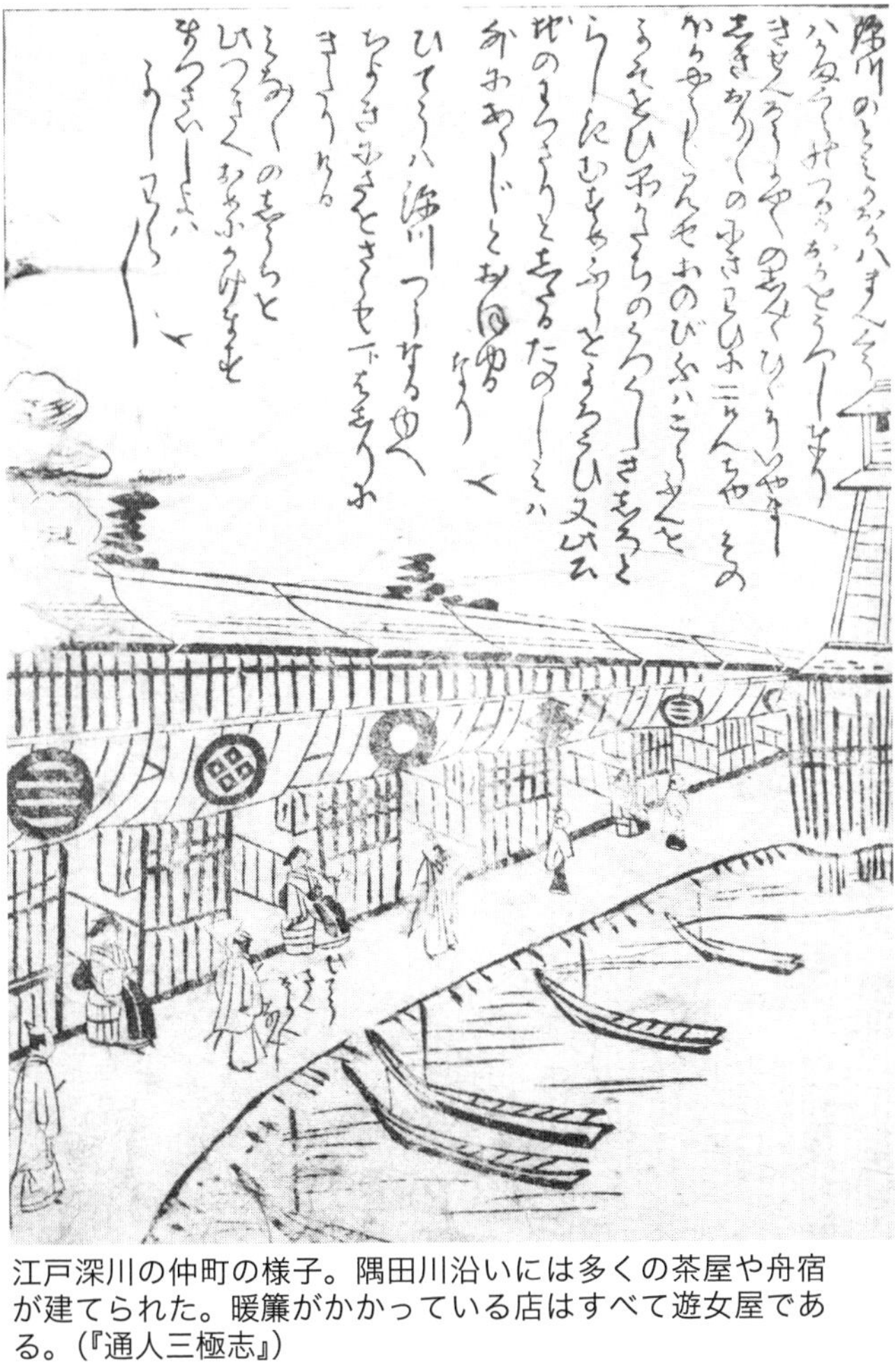

江戸深川の仲町の様子。隅田川沿いには多くの茶屋や舟宿が建てられた。暖簾がかかっている店はすべて遊女屋である。(『通人三極志』)

江戸の埋め立て地にあらわれた遊里

こんにゃく島の遊女

四方を川に囲まれた江戸の島の遊里

現在の中央区新川《しんかわ》地区は、江戸時代には霊岸島《れいがんじま》と呼ばれていた。埋め立てによってできた土地だったため足場が悪く、そこから「こんにゃく島」と呼ばれるようになったという。

新川地区は現在でも四方を川に囲まれているが、江戸時代では川や水路が重要な交通手段だったから、こんにゃく島は交通の要衝として発展することになった。

こんにゃく島に岡場所《おかばしょ》ができたのは安永《あんえい》（１７７２〜１７８１年）の頃で、地盤が弱い島の地固めのために盛り場の造成が許可されたという。

こんにゃく島の遊女は、地理的に深川と近かったこともあり、システムや遊女の髪形・衣裳などは深川に似ていた。また、ほかの岡場所よりも開業が遅かったため、深川のほかに芝神明町あたりからも流れてくる遊女もいたようだ。海上交通の要衝でもあり、こんにゃく島はすぐ

地理的に深川と近かったことから、こんにゃく島の遊里は深川に似ていたという。(『かくれ閭』)

に盛り場として繁栄することになった。

深川のように、こんにゃく島の遊女にも「呼出《よびだし》」と「伏《ふ》せ玉《だま》」の二種があった。呼出とは通いの遊女のことで、「伏せ玉」とは、基本的に遊女家に住んでいて、そこで商売をする遊女のことだ。

こんにゃく島にも引手茶屋と同様の役割を果たす水茶屋があり、そこの女主人が客を遊女家に連れていくというスタイルだった。この女主人を「引手《ひきて》嬶《かかあ》」と呼んだ。引手嬶のいる引手茶屋は、呼出も伏せ玉も扱っていた。こんにゃ

江戸時代後期のこんにゃく島周辺絵図

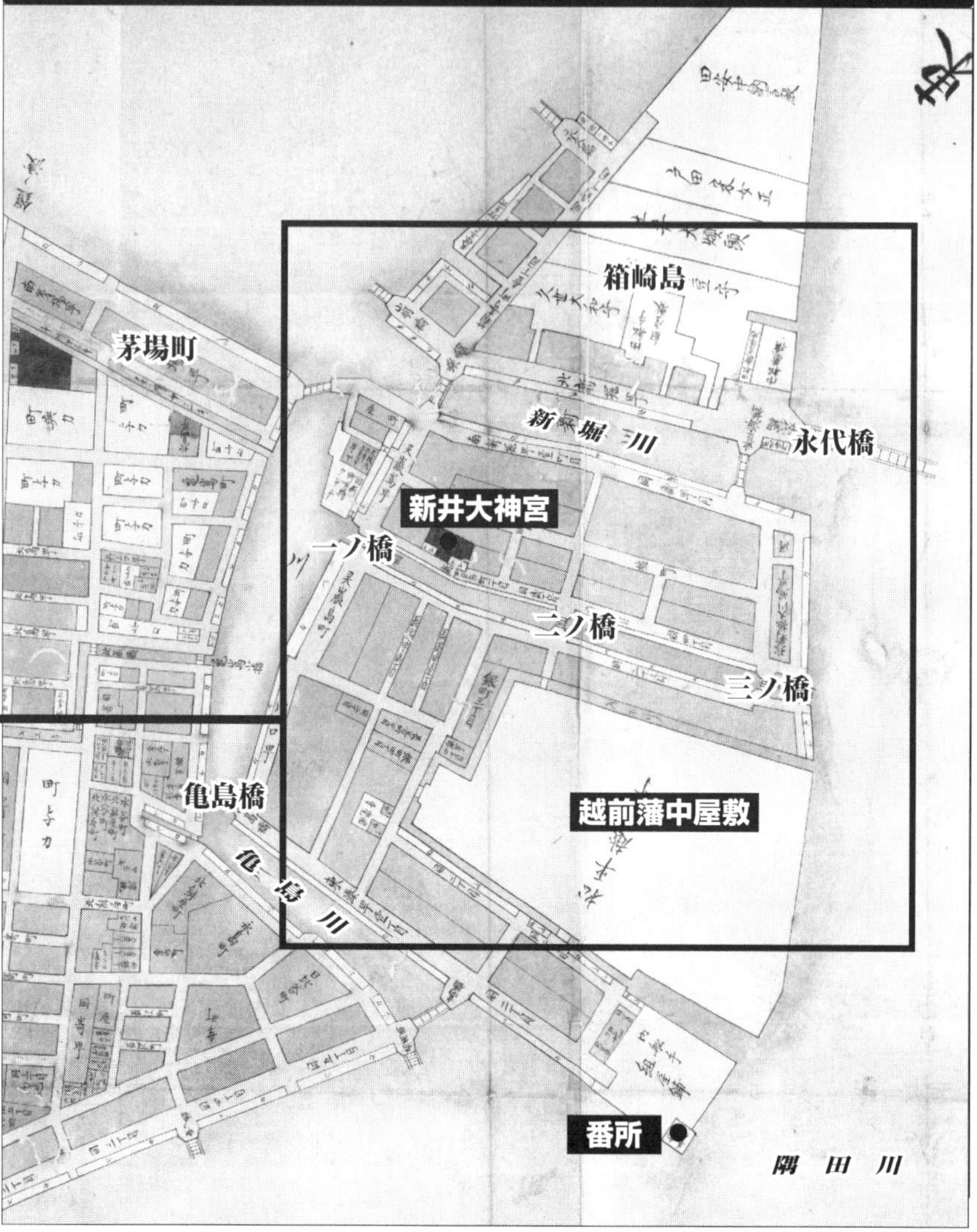

江戸時代後半のこんにゃく島付近の切絵図（国立国会図書館蔵）。川に囲まれた島である。橋を渡った西側は茅場町で、ここには町与力の屋敷が密集していた。

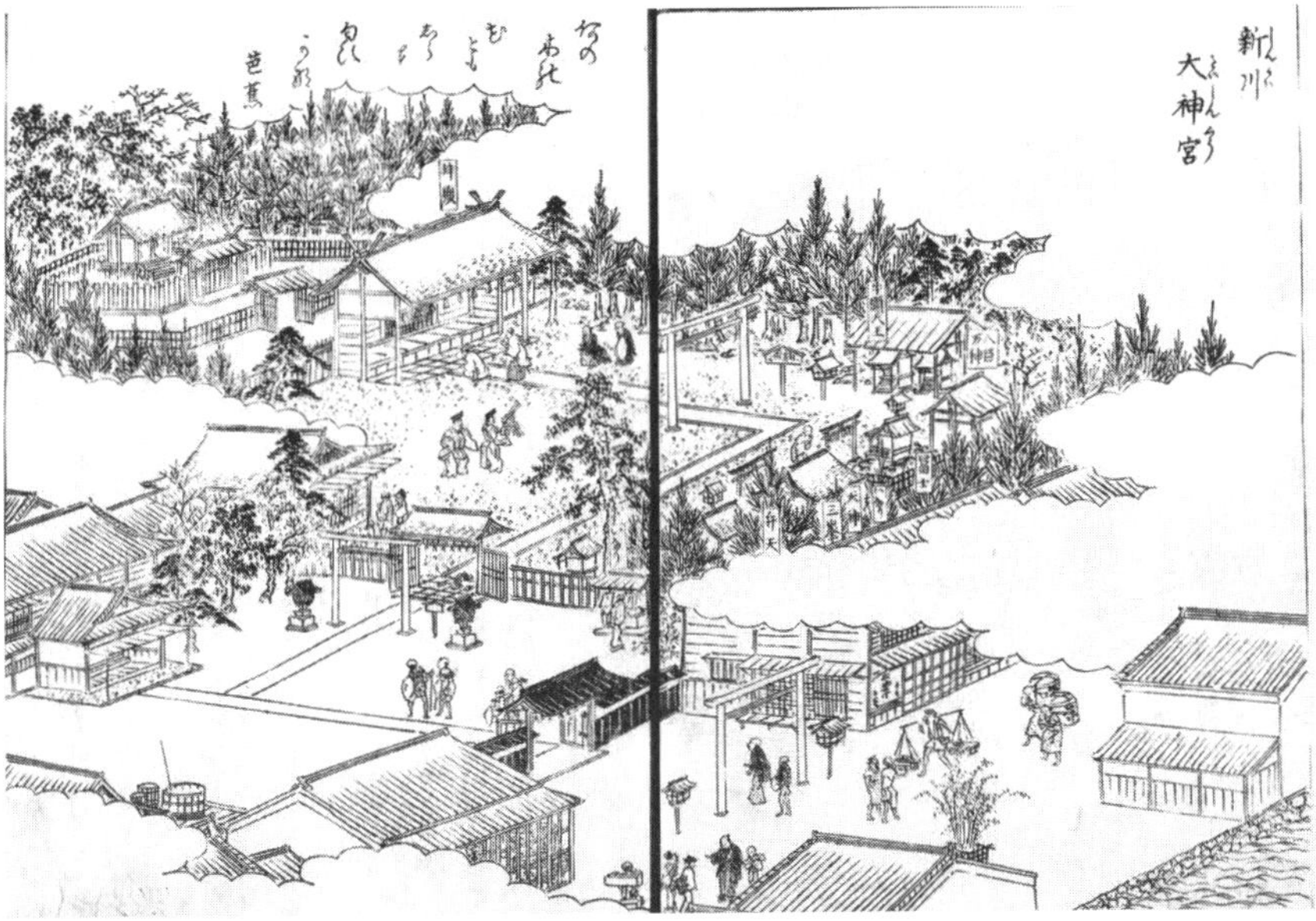

こんにゃく島内にあった新川大神宮の絵。この神社の門前にも遊女がいたといわれる。(『江戸名所図会』より)

現在の中央区新川1丁目、2丁目の地区が、こんにゃく島（霊岸島）である。現在も四方を川に囲まれた地区で、水運の発達した江戸時代には問屋が建ち並び、賑わった。

岡場所創設直後のこんにゃく島の遊女。粗末な家で商売を行う遊女もいた。（『寸南破良意』）

く島の遊女家では、吉原や品川のように張見世《はりみせ》をしなかったので、引手茶屋が必要だったのである。

こんにゃく島も揚代は、一《ひ》と切《きり》（約1時間）で銀7匁《もんめ》5分《ふん》（約1万2000円）で、ほかの岡場所に比べると割高に設定されていた。深川が近かったことから、深川に張り合ったのかもしれない。

『寸南破良意《すなばらい》』という洒落本《しゃれぼん》によると、岡場所のなかでもこんにゃく島ほど当たりはずれの多いところはないと書かれている。

1787年（天明《てんめい》7）から老中《ろうじゅう》・松平定信《まつだいらさだのぶ》によって推進された寛政《かんせい》の改革は、幕政改革のひとつとして風紀の取り締まりを掲げていた。そのため、この時期に岡場所は厳しく取り締まられ、こんにゃく島もこの改革によって取り潰された。岡場所としてはわずか10年ほどの命運であった。

隅田川河口で発展した水上都市の岡場所

深川周辺の遊女

船で乗り付けることができた深川一帯の岡場所は町人客が多かった。

吉原にも匹敵した深川遊里の七場所

江戸時代初期、深川には富岡八幡宮《とみおかはちまんぐう》と永代寺《えいたいじ》が相次いで建立され、両寺社の周辺には富岡門前仲町など3カ町の門前町がつくられた。1655年（明暦《めいれき》1）に料理茶屋の営業が許可され、これが、岡場所としての始まりである。

国学者として著名な戸田茂睡《とだもすい》が著した『紫《むらさき》の一本《ひともと》』（1683年成立）によると、富岡八幡前の茶屋は15〜20歳の遊女を、それぞれ10人程度抱えており、酒席では唄と三味線《しゃみせん》で伊勢《いせ》踊りを踊っていた。その風流たるは、吉原の遊女に劣らないとまで評している。

1693年（元禄《げんろく》6）、日本橋浜町《にほんばしはまちょう》から深川六間堀《ろっけんぼり》に新大橋《しんおおはし》が、1698年（元禄11）には日本橋箱崎町《はこざきちょう》から深川佐賀町《さがちょう》に永代橋《えいたいばし》が架かると、交通の便がよくなった深川は、参詣する人々で賑わいを見せるようになった。当時、富岡八幡宮へ向かう通りには、12軒の茶屋があったと

江戸時代後期の深川周辺絵図

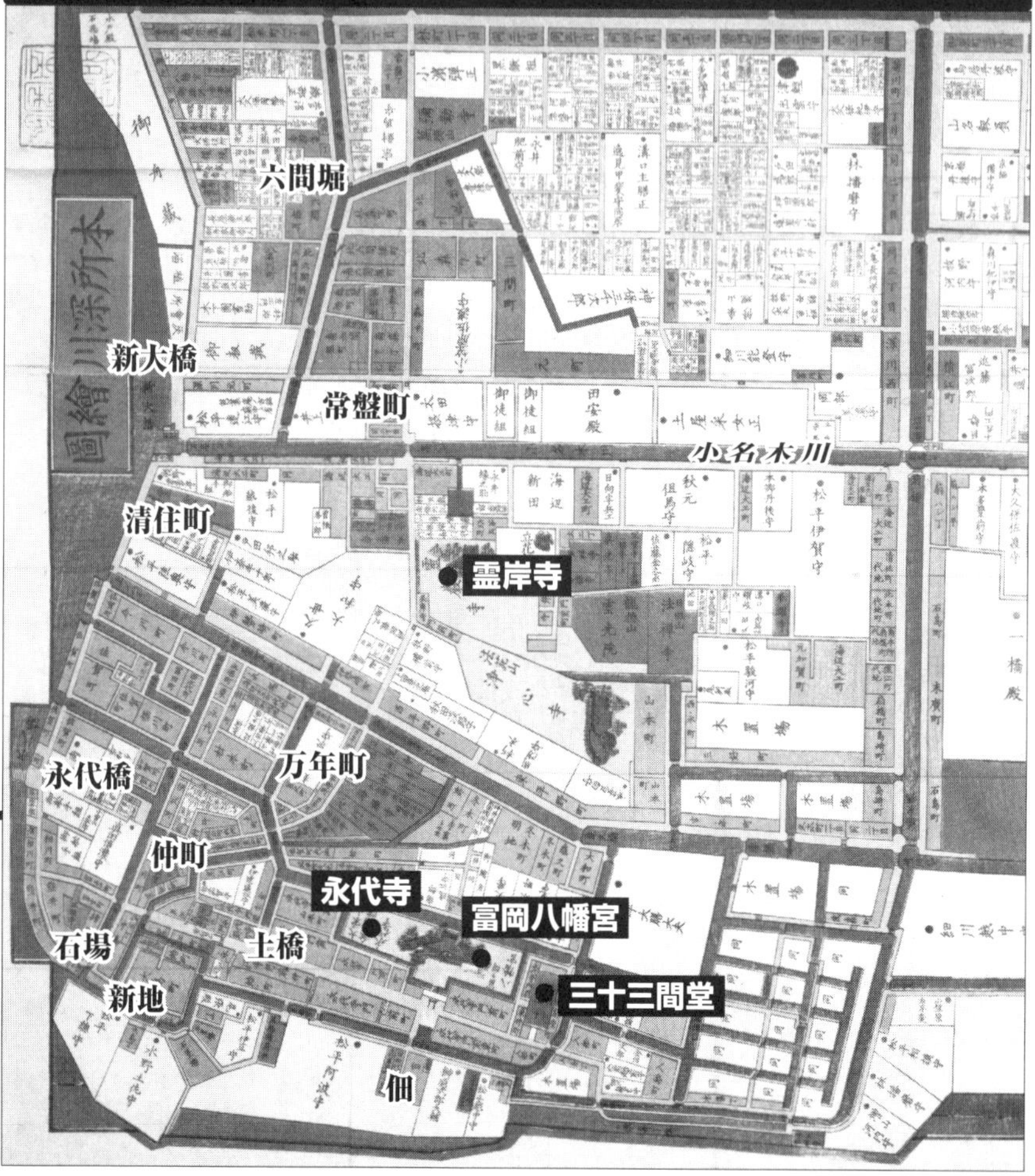

江戸時代後半の深川付近の切絵図（国立国会図書館蔵）。深川は複雑に水路が入り組んだ海運都市で、各所に船着き場ができて賑わった。岡場所も多くあらわれ、深川遊女は吉原に次ぐ人気をほこった。

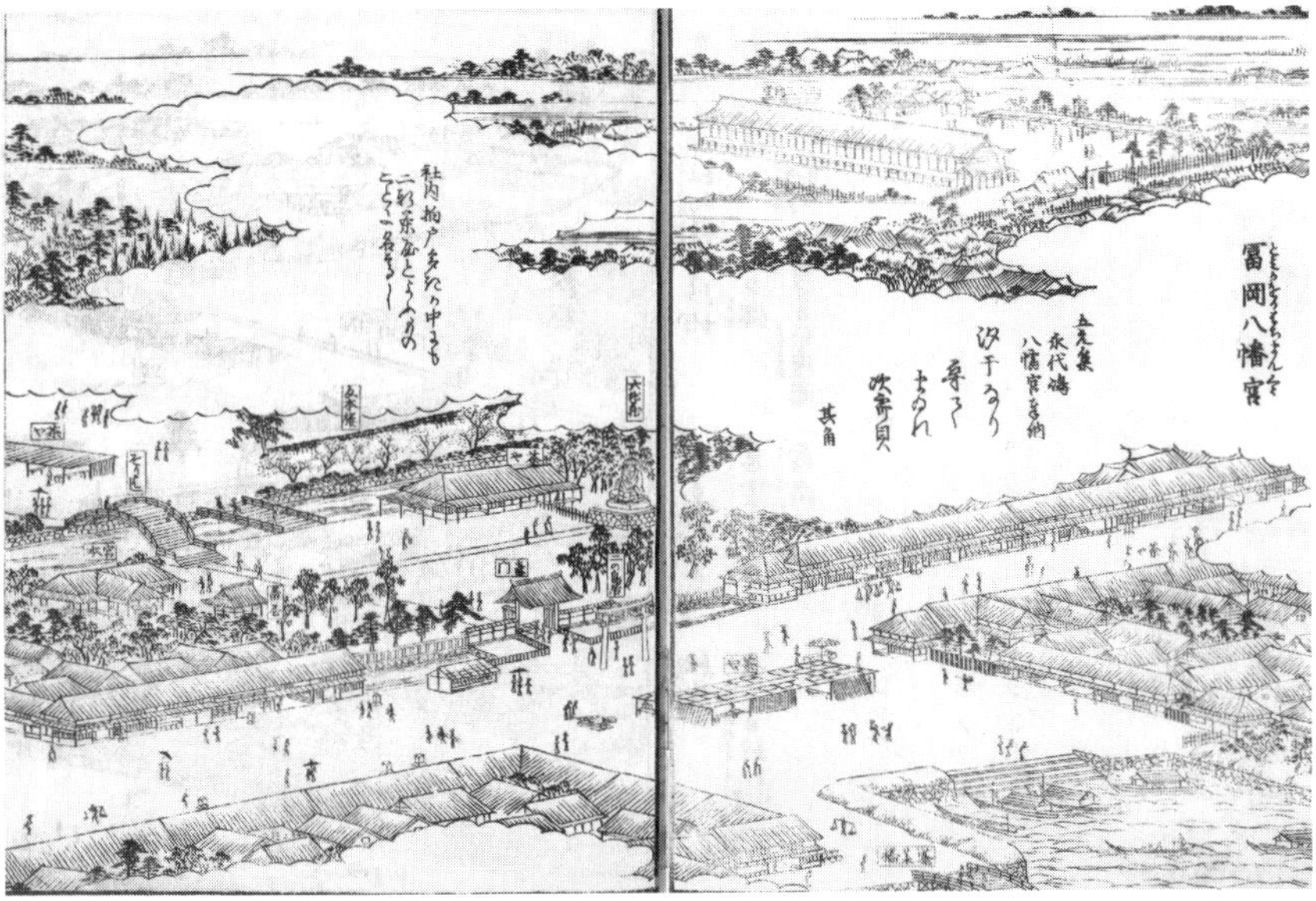

富岡八幡宮の境内。門前には茶屋が建ち並んでおり、これらの茶屋のなかには遊女を抱えている店もあった。(『江戸名所図会』より)

現在の清澄通り沿いや門前仲町、越中島あたりが深川の岡場所だった。ちなみに、永代橋を渡った先は中央区新川一丁目となり、江戸時代のこんにゃく島（霊岸島）である。

いう。当時、人気のあった芸者の名が残っており、山車屋《だしや》のおしゅんとおりん、沢瀉屋《おもだかや》のお花《はな》、升屋《ますや》のおてふ、住吉屋《すみよしや》のお勘《かん》などが挙げられている。

その後、享保《きょうほう》年間（１７１６〜１７３６年）に芸者菊弥《きくや》が、日本橋葭町新道《よしちょうしんみち》から門前仲町《もんぜんなかちょう》に移ってきて、唄や三味線を教えながら茶屋を開いた。その茶屋が繁盛すると、門前仲町が活況を呈し、深川七場所の筆頭格になっていった。

深川には多くの岡場所があり、中でも繁盛していた七カ所を七場所という。もっとも古いのが前述の仲町（現江東区富岡１、２丁目）で、１８３８年（天保《てんぽう》９）の段階で料理茶屋３軒、置屋８軒があり、芸者77人と遊女68人が在籍していた。

仲町と同時期に起こったのが土橋《どばし》（現江東区富岡１、２丁目）である。ここは、開始当初は仲町を抑えて、もっとも繁盛していた岡場所だった。最盛期には、料理茶屋12軒、置屋11軒があり、芸者85人と遊女１１４人がいたというから、かなりの規模である。

１７１６年（享保１）に始まったのが石場《いしば》（現江東区越中島《えっちゅうじま》１丁目）で、古石場《ふるいしば》と新石場《しんいしば》に分かれている。天保期（１８３１〜１８４５年）には、合わせて料理屋10軒があり、芸者16人、遊女41人がいた。石場の遊女は、すべて伏《ふ》せ玉《だま》だった。伏せ玉は、娼家で客を待つスタイルである。

次にあらわれたのが佃《つくだ》（現江東区牡丹3丁目）である。開業したのは１７２２年（享保７）のことだった。「あひる」とか「うみ」とも呼ばれており、料理茶屋15軒、水茶屋11軒、芸者・遊女合わせて72人がいた。

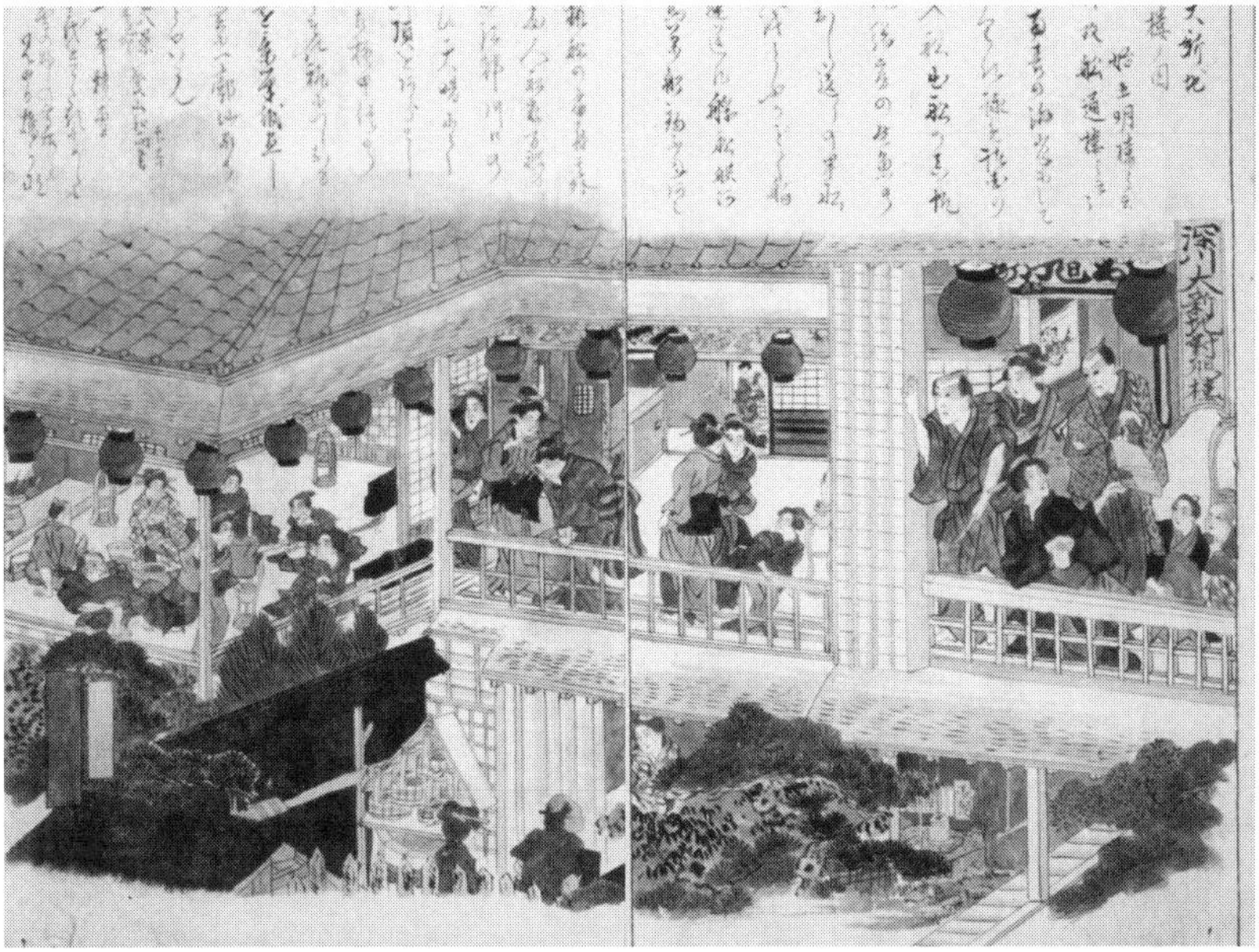

深川大新地にあった対旭楼という遊女屋の様子。ほかの岡場所に比べて規模が大きいことがわかる。(『かくれ閭』)

1731年（享保16）には、櫓《やぐら》下《した》と裾継《すそつぎ》（どちらも現江東区門前仲町2丁目）の2カ所が始まった。櫓下は表櫓《おもてやぐら》と裏櫓《うらやぐら》に分かれており、料理屋は11軒、置屋は14軒あった。芸者が31人、遊女が88人在籍していた。裾継には、料理茶屋5軒、芸妓13人、遊女32人がおり、石場と同じように伏せ玉で営業されていた。

最後が、1736年（元文《げんぶん》1）に創業された新地《しんち》（現江東区越中島1丁目）だった。大新地《おおしんち》と小新《しょうしん》地《ち》に分かれており、1838年（天保9）には大小合わせて料理茶屋9軒、置屋4軒があり、芸者36人と遊女57人が伏せ玉で営業していた。また、ここには妓楼が2軒あったともいわれているが、天保期にすべて取り払いとなった。

粋で有名だった深川の芸妓と遊女

深川は、1800年頃を境に、吉原にも劣らない人気を獲得するようになった。それは、深川が「辰巳風《たつみ》」と呼ばれる独特の気質があったからでもある。深川の遊女たちは、吉原と違って瀟洒《しょうしゃ》を旨としており、格式の高い吉原より気楽に訪れることができた。辰巳というのは、深川の方角が江戸城から南東（辰巳）にあるからで、深川の芸者は「辰巳芸者」と呼ばれていた。

彼女たちは常に薄化粧で、華美な衣装はあえて着ずに、「粋」を大切していた。これが、いわゆる「きゃん」と呼ばれるもので、漢字で書くと「俠」である。文字通り俠気に通じ、強者をくじき弱者を助ける男気のある気風のことで、それが粋でもあった。本来は、そうした気質であれば男女問わず使われていた言葉だが、深川の芸者や遊女を「きゃん」と呼んでいたことから、いつしか女性だけに使われる言葉になった。

また、辰巳芸者は「羽織《はおり》」とも呼ばれた。この語源は諸説あり、当初は年少の妓女が客席に赴くときに羽織を着ていたのを「羽織芸者」と呼んで区別していたのが、後年になって芸者を指すようになったという。また、深川の芸者たちは客席に羽織を着たまま侍っても、その非礼を許されるほどに見識が高かったことから「羽織」と呼んだという説もある。

深川の「子供屋」の二階でくつろぐ遊女たち。ここで支度を整えて客のもとへ行く。(『時世粧百姿図』)

いずれにせよ、気風のいい性質が、江戸っ子から愛されたのは間違いないのだろう。

深川では、芸者と遊女の区別がはっきりしており、芸者が色を売ることは禁じられていた。客から求められても、芸者たちは決して体を許すことはなかった。芸者が色を売ることを「ころぶ」といい、彼女たちのことを「不見転《みずてん》芸者」「ころび」と呼んだ。

深川では、遊女のことを「子供」と呼び、遊女屋のことを「子供屋」といった。相模《さがみ》屋、丸平《まるひら》、上総《かずさ》屋、鶴《つる》屋、難波《なにわ》屋、西《にし》の宮《みや》、中島《なかじま》屋、福《ふく》田《だ》屋といった子供屋が有名だった。

深川の遊女たちは、料理茶屋にや

ってきた客を、障子の穴から確認することができた。そして、気に入らない男なら座敷を断ることもできた。これを「さしをつく」という。

深川にも、吉原でいう遣手婆《やりてばばあ》にあたる遊女を管理する者がいたが、これを「娘分《むすめぶん》」と呼んだ。年配者は少なく、20～30歳前後の女性が多かったという。また、遊女見習いを吉原では禿《かむろ》というが、深川では「小《こ》職《じょく》」と呼んだ。ほかの岡場所では遊女見習いがいることはほとんどなく、深川はそれだけ成熟した遊里だったといえよう。

江戸文化にも影響を与えた深川遊里の懐の広さ

深川には、七場所以外にも多くの岡場所があった。わかっているだけでも、松村《まつむら》町

色街こぼれ話

深川の遊女が流行らせた女髪結と仕懸文庫

深川の芸者・遊女たちは、吉原の遊女たちと同じく、江戸の女性たちに影響を与えた。

その象徴といえるのが、栄木《さかえぎ》に住んでいた女形役者山下金作《やましたきんさく》の髪形を、深川の遊女たちがまねたことから、女髪結がはじまったことである。

また、深川遊女たちが衣類を入れて持ち運ぶ箱を「仕懸《しかけ》文庫《ぶんこ》」といい、これは仲町独特の箱で評判になったという。

女髪結をした山下金作

（現江東区福住1丁目）、三十三間堂《さんじゅうさんげんどう》（現江東区富岡2丁目）、万年町《まんねんちょう》（現江東区深川1丁目）、清住町《きよずみちょう》（現江東区清澄1丁目）、吉永町《よしながちょう》（現江東区平野3丁目）、常盤町《ときわちょう》（現江東区常盤2丁目）、御旅《おたび》（現江東区新大橋1丁目）、六間堀《ろっけんぼり》（現常盤1丁目）、横堀《よこぼり》（現江東区木場）などが挙げられる。

深川は明和《めいわ》期（１７６４年～）から天保期にかけて（～１８４４年）最盛期を迎え、この間、深川を舞台にした本がたくさん発刊された。深川を描いた代表作といえば、為永春水《ためながしゅんすい》の『春色《しゅんしょく》梅児誉美《うめごよみ》』のシリーズで、『春色辰巳園《たつみのその》』、『春色恵《めぐみ》の花《はな》』、『春色英対暖語《えいたいだんご》』、『春色梅美婦禰《うめみぶね》』と続いて好評を博した。辰巳の遊女たちが江戸の庶民たちにうけたのは、前記したような彼女たちの気風にあったわけだが、人情本では彼女たちのことを「あだ」と形容した。「あだ」は、粋とはまた違った言葉で、女性の洗練された立ち振る舞いと、そこから香る色香を形容したもので、江戸文化の美意識を表す言葉として定着していくことになる。

こうして深川は、江戸の文化の中心ともなるほど発展したが、明治時代に入って芸娼妓解放令が施行され、徐々に衰退していった。その後、深川に正米取引所が設立されて、いったん息を吹き返したが、それも長くは続かなかった。

ちなみに、１８８８年（明治21）にはじまった洲崎《すざき》遊郭は、本郷根津（現文京区）にあった貸座敷が移転してきたもので、深川の遊里とは関係がない。

海上交通の発達が生んだ最下級の遊女

船まんじゅうという遊女

船に乗って水上で売春を行った遊女

海上交通が発達していた江戸の町では、日常的に船が往来しており、主要河川には多くの船着き場があった。川沿いには、船宿や、船で送られてくる荷物を貯蔵しておくための商家の蔵などが建ち、人通りも多くなり、賑やかになっていった。

そうなると、そうした人々を相手に商売をはじめる者が出てきて、性を売りにする店も進出してきた。船着き場や川沿いに登場した珍しい遊女に「船《ふね》まんじゅう」と呼ばれる女性がいた。船まんじゅうとは、船に客を乗せ、水上で売春を行う遊女のことである。名目上は船でまんじゅうを売っていたため、この名がついたといわれる。

船といっても2人~3人乗りの小さな船である。その小舟に遊女が乗り、川べりを歩く男性に声をかけた。商談がまとまったら客を船に乗せて水上に出て、水上でひと仕事終えてから戻

寛政（1789 ～ 1801 年）頃の船まんじゅう。雨の日でも営業できるように、船には簡素な屋根がついていた。（『盲文画話』）

ってきた。船まんじゅうひとりで営業する場合は、遊女自ら艪《ろ》を漕いで船を出したが、中には船頭が一緒に乗っている場合もあった。船頭がいる場合は、情事の最中もそばに船頭がいたということになる。

永久橋の船まんじゅうは一と切32文

船まんじゅうは船を停泊させられる場所なら、どこにも出没した。江戸では天明《てんめい》年間（１７８１～１７８９年）頃に船まんじゅうの活動が活発になり、深川、越中島、八丁堀《はっちょうぼり》、永代橋などが、船まんじゅうの出没地区として有名だった。

浜町《はまちょう》と常盤町の間の大川《おおかわ》（隅田川）

船まんじゅうが使う船は３人乗ればいっぱいというくらいの小舟だった。遊女一人で営業する場合は自分で艪を漕いだが、船頭がいる船まんじゅうもいた。(『会本和良怡副女』)

に架けられていた橋のひとつに永久《えいきゅう》橋《ばし》があったが、永久橋は船まんじゅうで有名な岡場所だった。本所吉田《ほんじょよしだ》町をねぐらにしていた夜鷹《よたか》が、川べりを歩く男を目当てに出張してくることもあったという。

永久橋の船まんじゅうには船頭がついていることが多く、たもとで客を拾うと船頭が船をこいで大川（隅田川）に出て、大きな中洲をぐるりとひと回りしてまた永久橋に戻ってきた。

永久橋の船まんじゅうは、そのひと回りが一と切で、その間に情事を行った。船頭の加減によって一と切は30分であったり1時間であったりしたが、料金はわずか32文（約80

0円）という破格の安さだった。

両国橋《りょうごくばし》近くにあった回向院《えこういん》は周囲を小さな水路に囲まれており、「回向院土手」と呼ばれていた。ここに、夜な夜な船まんじゅうの小さな船が並んでいた。ここの船まんじゅうも、一切32文で遊ぶことができた。

値段を見てもわかるように、船まんじゅうは遊女のなかでは底辺の存在で、達者なものは少なく、病人も多かったという。売れなくなった夜鷹が船まんじゅうになる例も多かった。

両国回向院から見た隅田川。この川べりに船まんじゅうの船が並び、夜な夜な客をとっていた。（『名所江戸百景』より）

宝暦《ほうれき》から安永《あんえい》にかけて、於千《おち》代《よ》という船まんじゅうがいた。『只今御笑草《ただいまのおわらいぐさ》』という洒落本に、「ぽちやぽちやのおちよ」というくだりがあり、ふくよかな女性だったと見られ

ひとりで営業する船まんじゅうが川べりの男性を誘っている様子。（『間合俗物譬問答』）

る。三十余りの男が「寄っていきねいなー」と船頭の真似をしながら日本橋あたりで客引きをしていたという。於千代は江戸ではちょっとした話題になったらしく、平《ひら》賀《が》源《げん》内《ない》が『於千代伝』という著作を残している。「お千代舟沖まで漕ぐはなじみなり」という川柳もあり、於千代は船まんじゅうの代名詞となるほど著名だった。

大坂新町の遊女が道中を歩いている様子。新町は公認の遊郭であり、このような道中が行われることもあった。
（『浪花名所図会』歌川広重、国立国会図書館蔵）

地方の遊里

江戸以外の各国にも公認の遊郭があった。有名なのは大坂の「新町《しんまち》」と京都の「島《しま》原《ばら》」である。そのほか、幕府公認ではないが各藩が認めた遊里もあった。常陸《ひたち》国や加《か》賀《が》国、肥前《ひぜん》国などがそれである。そのほか、大坂島《しま》の内《うち》や京都先斗町《ぽんとちょう》などのように、公認以外の遊里も存在した。

すでに述べたように、各街道の宿場も地方の遊里として賑わった。とくに東海道の宿場は多くの飯盛女《めしもりおんな》を抱え、『東海道五十三次』が評判になったこともあり、各宿場の飯盛女は浮世絵などの題材にもよく使われた。

京都の島原遊郭は幕府公認の遊郭として繁栄した。吉原遊郭の手本になった遊郭で、吉原と同様に大門が作られ、その先には柳の木が植えられている。(『都名所之図』貞信、国立国会図書館蔵)

左が島原の遊女(『大坂道頓堀太左衛門橋より西を眺むの図』貞信、国立国会図書館蔵)。右は大坂新町の遊女(『浮世名異女図会』歌川国貞、国立国会図書館蔵)。どちらも公認の遊女である。

公認の遊郭が置かれた大坂と京都にも岡場所はあった。左は大坂島《しま》の内《うち》の遊女で、右は京都先斗町《ぽんとちょう》の遊女だ。（どちらも『浮世名異女図会』国立国会図書館蔵）

常陸国の潮来《いたこ》の遊女。潮来は海上交通の要衝であり、多くの人で賑わった。潮来の遊郭は水戸藩に認められた公認の遊郭だった。（『絵本潮来絶句』葛飾北斎）

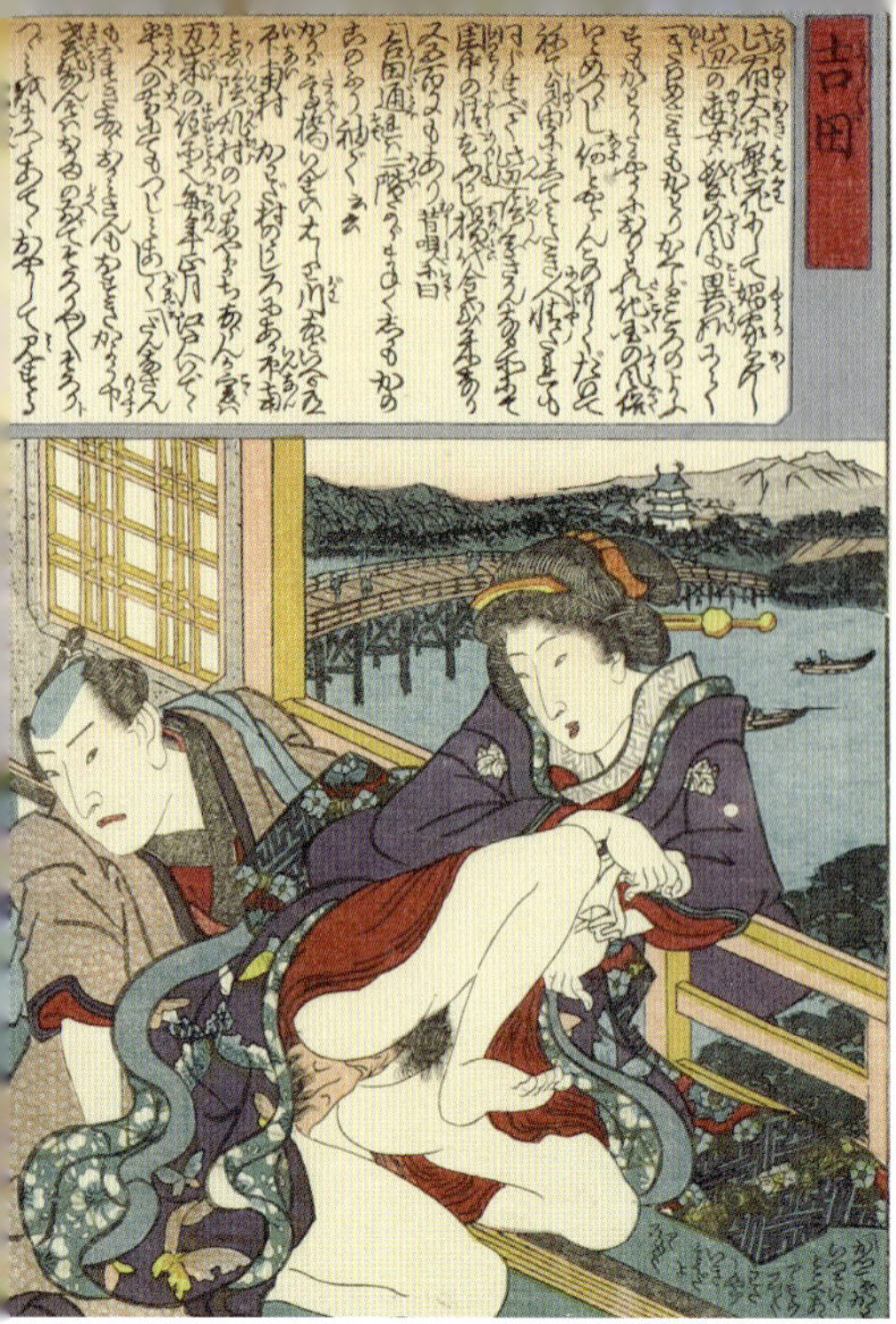

『旅枕《たびまくら》五《ご》十三次《じゅうさんつぎ》』（恋川笑山画）という艶本に描かれた各宿場の飯盛女との情事。大礒（右上）、吉田（左上）、庄野（右下）、土山（左下）の飯盛女。（国際日本文化研究センター蔵）

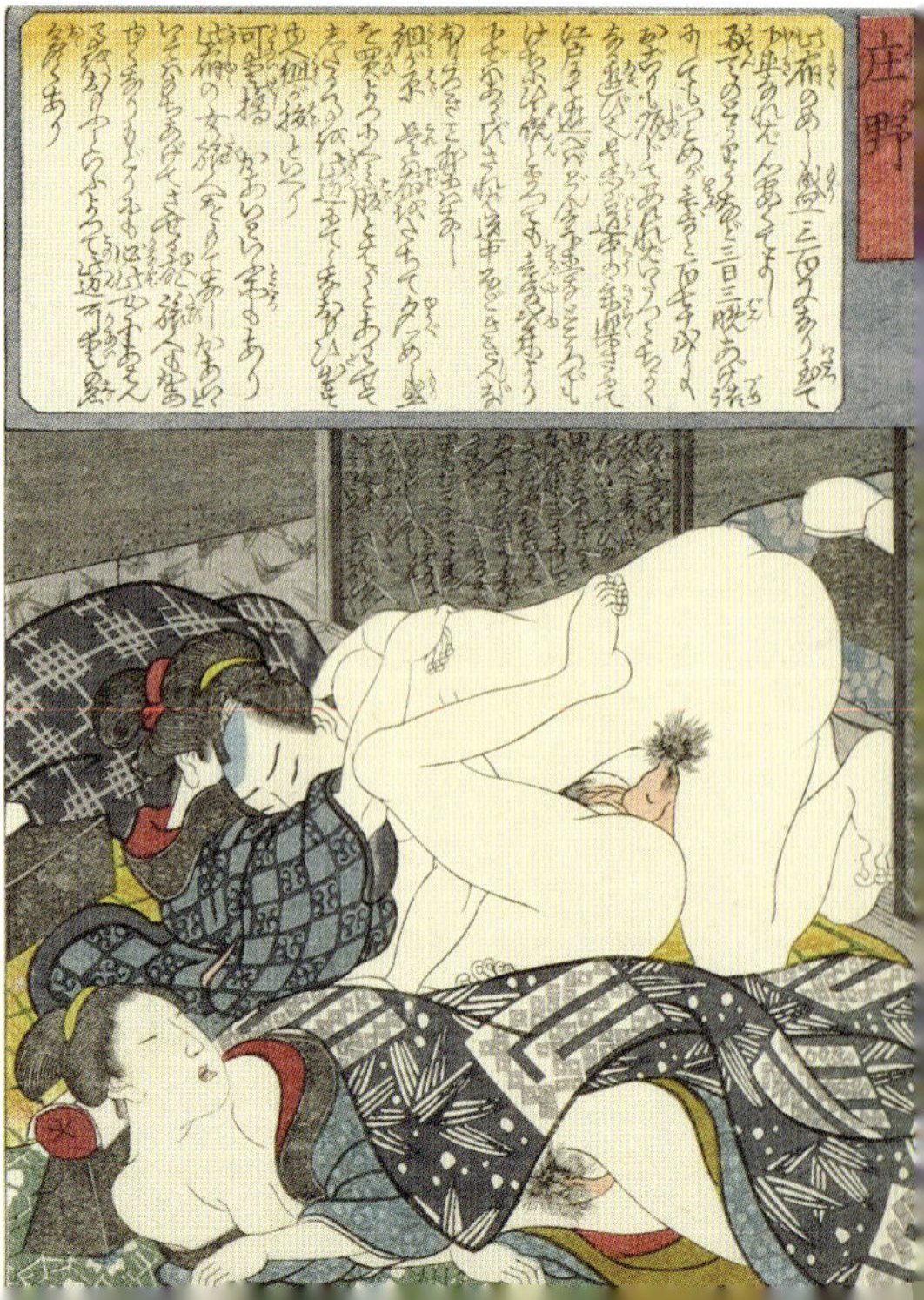

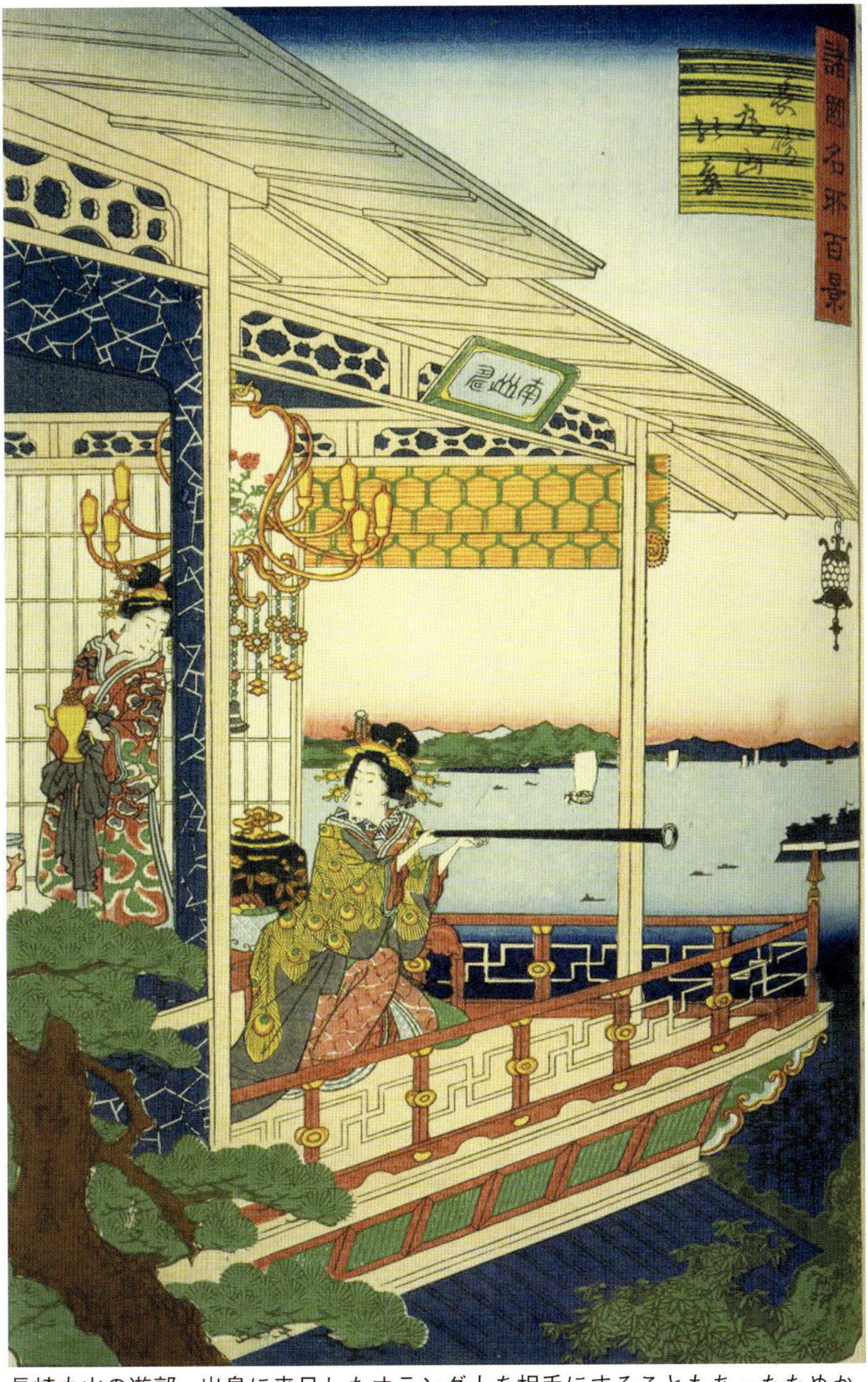

長崎丸山の遊郭。出島に来日したオランダ人を相手にすることもあったためか、ほかの地域に比べて遊女屋もどことなく西洋風である。
（『諸国名所百景』 歌川広重、国立国会図書館蔵）

俗称で呼ばれた遊女

船まんじゅうは、おもに船着き場を拠点にし、小舟に乗って道行く男性に声をかけた。ほかの岡場所の遊女に比べて揚代は安い。
（『盲文画話』歌川広重、国立国会図書館蔵）

金品と引き換えに自分の体を売る女性を「遊女」というが、特徴的な状況に置かれていた遊女を別名で呼ぶこともあった。たとえば、小舟に乗ってそこで売春を行う遊女を「船《ふね》まんじゅう」と呼び、日が落ちてから路上で春をひさいだ遊女を「夜《よ》鷹《たか》」と呼んだ。

江戸幕府の前期に銭湯で売春を行っていた女性は「湯女《ゆな》」、尼のかっこうで売春を行った遊女を「売比丘尼《うりびくに》」、楊弓場《ようきゅうば》や土弓《どきゅう》場《ば》の遊女を「矢取女《やとりめ》」といった。また、小さな長屋の一室で売春していた遊女を「切《きり》見世女郎《みせじょろう》」とも呼んだ。

右２点は『江戸職人歌合』という書に描かれた船まんじゅう（上）と夜鷹（下）。職人に区分けされているのが面白い。左上は『守貞謾稿』に掲載されている湯女の図。湯女は江戸時代初期の銭湯での女性版の三助だったが、幕府の取り締まりを受けて壊滅した。
下は楊弓場の様子。店の中に座っているのが「矢取女」。矢取女のなかには春を売る女性もいた。

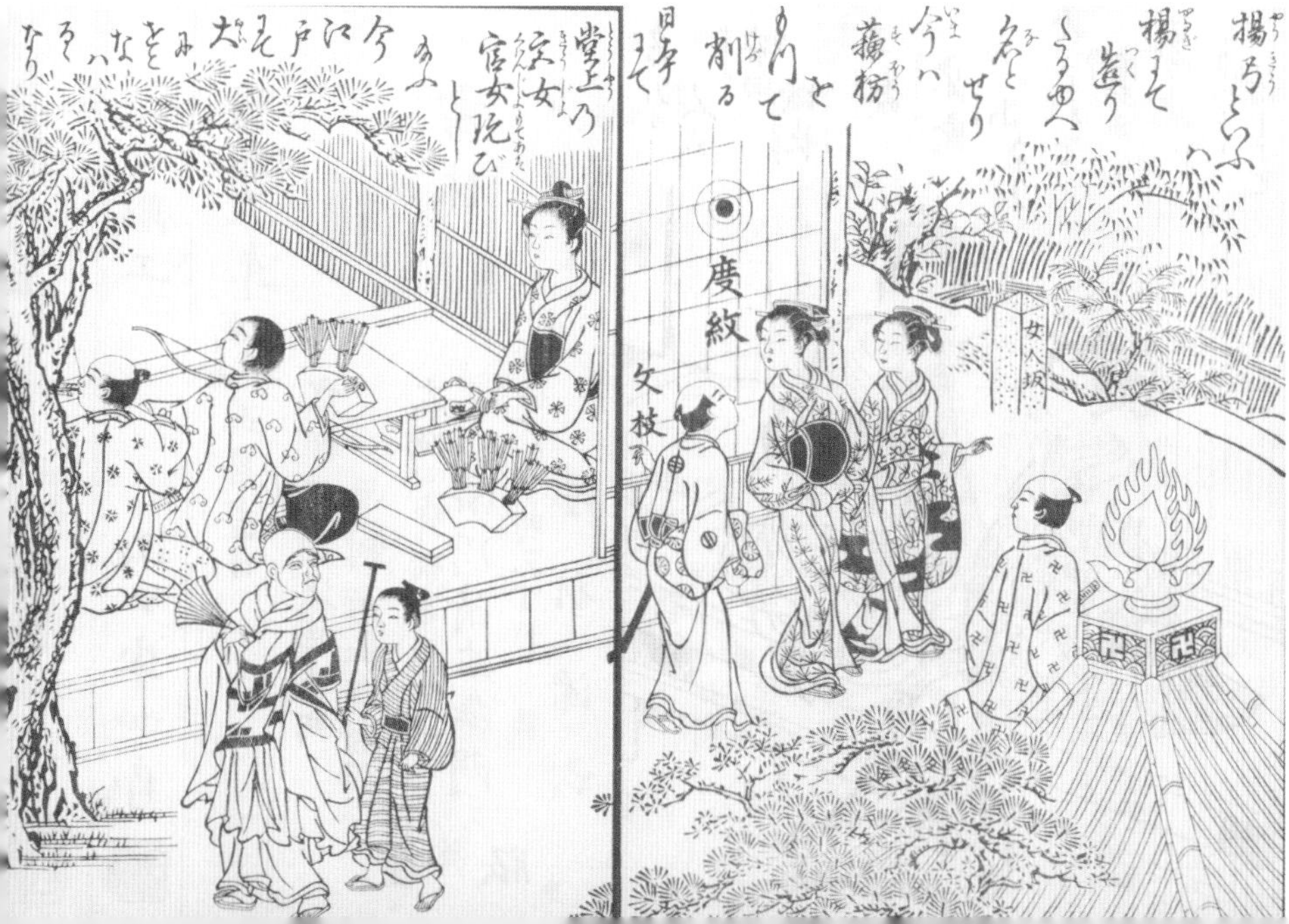

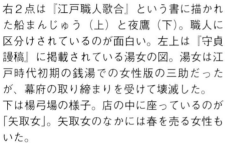

尼僧の格好をして売春を行った「売比丘尼」。売比丘尼は拠点をもたず、町を歩いて客を探す流しの遊女であることが多かった。

長屋の狭い一室を遊女部屋に使い売春を行った遊女を「切見世女郎」もしくは「局見世女郎」といった。

第五章

吉原の遊女
——幕府公認の遊郭の全貌

吉原はどこにあったか？——元吉原と新吉原の違い

遊女町の建設を許可した江戸幕府は、現在の日本橋人形町《にほんばしにんぎょうちょう》あたりの土地を遊女町として提供した。そして1618年（元和《げんな》4）11月頃、遊女町・吉原《よしわら》が開業した。

人形町界隈に発足した吉原は、周囲の町と区別するために四方に堀をめぐらし、出入り口に大門《おおもん》を取り付けた。大門は吉原にとって唯一の出入り口だった。出入り口がひとつしかないのは、遊女の逃亡を防ぐとともに、不審者の取り締まりにも好都合だったからだ。

大門を入って右側が江戸町《えどちょう》一丁目、その先に京町《きょうまち》一丁目があり、そこには麹町《こうじまち》にあった京都六条《ろくじょう》出身の傾城屋《けいせいや》が集まった。江戸町一丁目の向かい側が江戸町二丁目で、柳町《やなぎちょう》ともいった。ここには鎌倉河岸《かまくらかし》の傾城屋が移ってきた。その先が京町二丁目で、上方から来た傾城屋が集まった。江戸町二丁目と京町二丁目の間に角町《すみちょう》があり、ここには京橋角町にあった傾城屋が移ってきた。

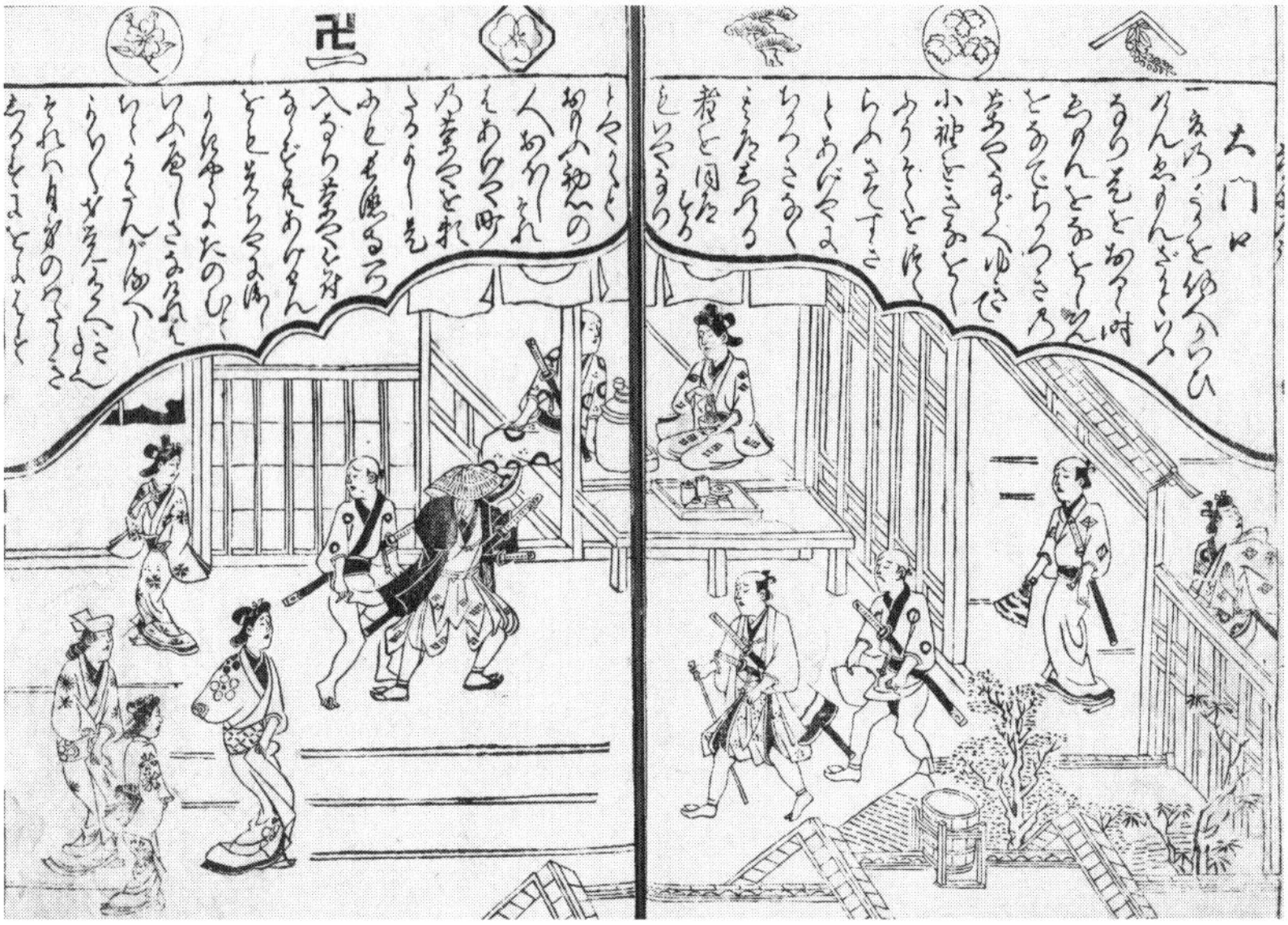

元吉原（日本橋人形町）時代の大門の様子。道行く遊女の着物も髪形も、まだそれほど派手になっていないことがわかる。（『吉原恋の道引』）

しかし、吉原遊郭が発展すると、風紀の乱れと治安の悪化を嫌った幕府は、１６５６年（明暦《めいれき》２）、吉原を移転させることにした。移転先は浅草寺《せんそうじ》の裏手にある日本堤《にほんづつみ》だった。この新しい遊郭を「新吉原」あるいは「吉原」と呼び、人形町にあった遊郭を「元吉原」と呼ぶようになった。

新吉原の敷地はおよそ２万７６７坪あり、周囲には忍返《しのびがえし》を植えた黒板塀《くろいたべい》がめぐらされ、その外側を幅９メートルに及ぶ「お歯黒《はぐろ》どぶ」と呼ばれる堀で囲んだ。このなかに、遊女と吉原の関係者、商人や職人など、合わせて約１万人が暮らしていた。

江戸時代の吉原周辺絵図

江戸時代後半の吉原付近の切絵図（国立国会図書館蔵）。浅草寺の周辺にも遊里はいくつもあったが、幕府に認められた公認の遊里は江戸では吉原のみだった。

吉原の中を描いた浮世絵。厳しい戒律に縛られていた吉原の遊女は、それゆえに高級感とそれなりの知性を備えていた。(『東都名所図』より)

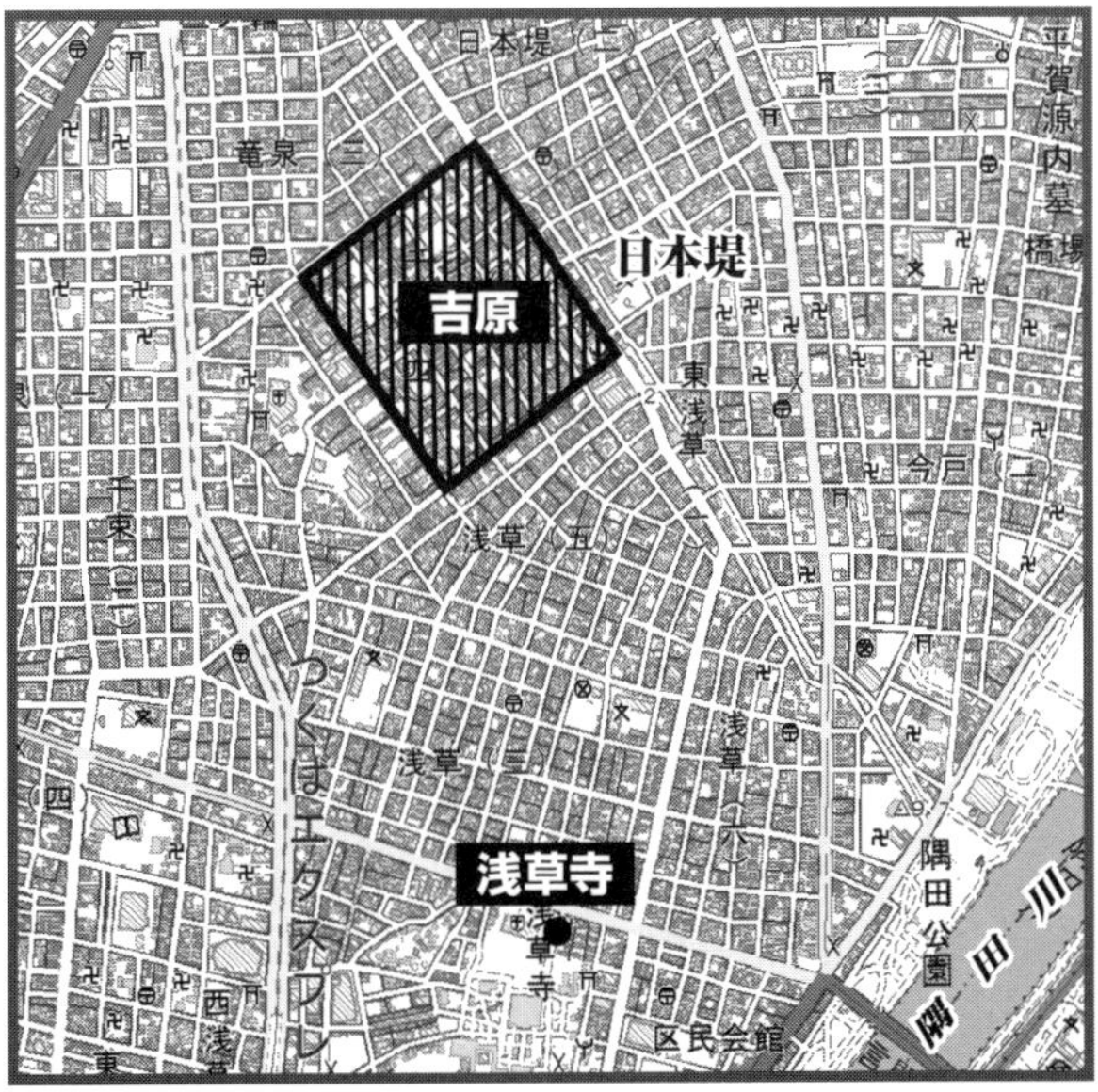

吉原の遊郭は、現在の日比谷線三《み》ノ輪《わ》駅と、東京メトロ浅草駅の間にあった。今でも駅から歩いて10分くらいかかり、決して交通の便がいい場所ではない。

吉原遊郭とはどういう町だったのか？

人工的に整備された吉原の区画は長方形のかたちをしていて、総面積にして約2万700坪という広さをほこった。周囲には黒板塀がめぐらされ、さらにその外側に「お歯黒どぶ」と呼ばれた幅2間（約3・6メートル）の堀があった。

門から入って、行き止まりの秋葉常灯明《じょうとうみょう》のある「水道尻《すいどじり》」まで、中央を真っすぐに貫く大通りが、吉原のメインストリート「仲《なか》の町《ちょう》」である。桜の咲き乱れる仲の町で繰り広げられる豪華絢爛な花魁道中《おいらんどうちゅう》は、吉原最大の呼び物だった。中央の仲の町を直角に横切る三本の通りがそれぞれの町の「表通り」で、両側に多くの遊女屋が軒を連ねていた。

各表通りを挟んで両側がひとつの町になっていたため、隣町とは背中合わせとなっていた。大門から見て右手、敷地内の西の端には「西念河岸《さいねんかし》」、左手の東の端には「羅《ら》生門河岸《しょうもんかし》」という区画があって、五町などとくらべて安価な遊女屋がひしめいていた。

江戸時代の吉原の内部

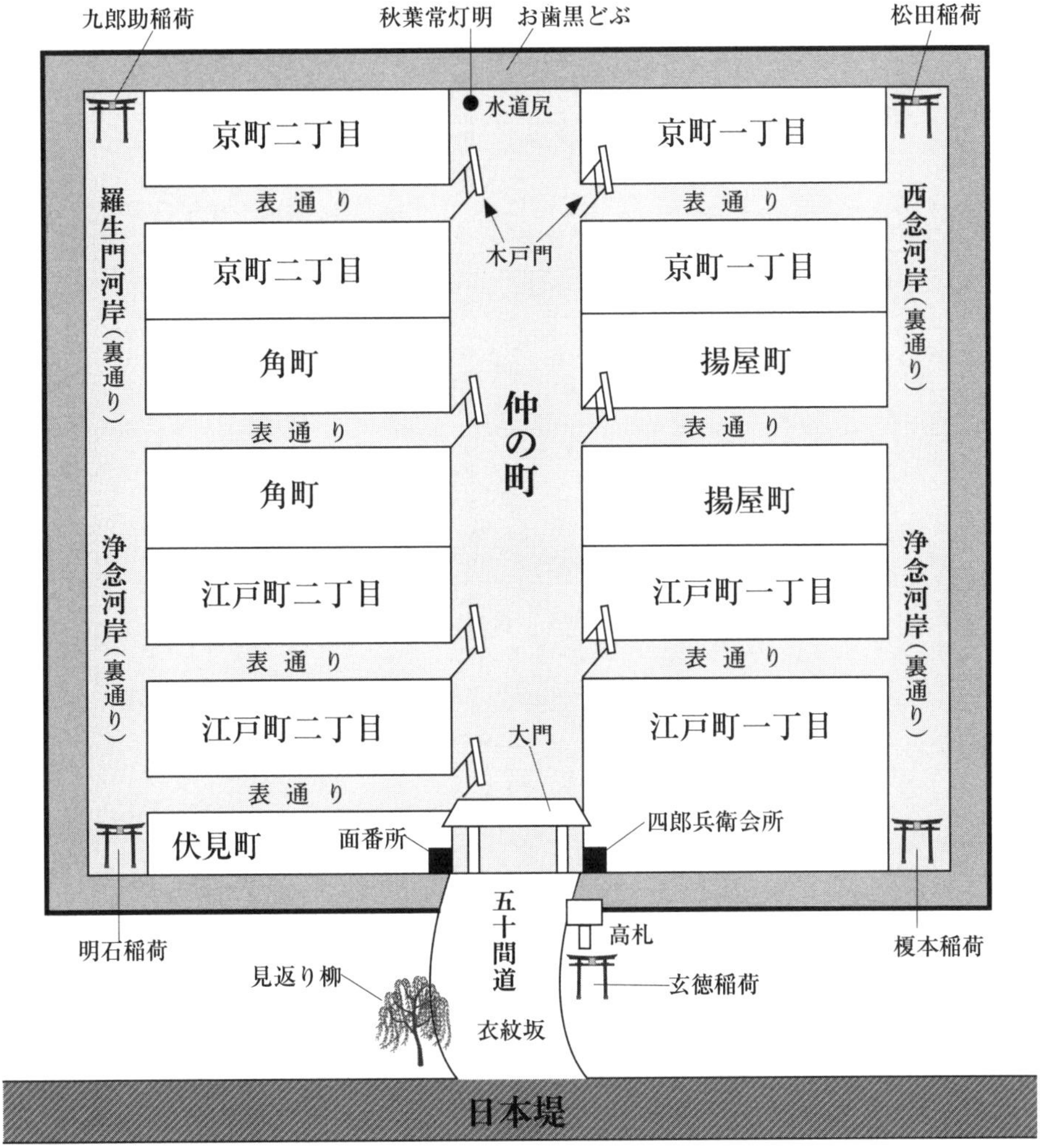
九郎助稲荷
秋葉常灯明
お歯黒どぶ
松田稲荷
水道尻
京町二丁目
京町一丁目
表通り
表通り
羅生門河岸（裏通り）
西念河岸（裏通り）
京町二丁目
木戸門
京町一丁目
角町
揚屋町
表通り
仲の町
表通り
角町
揚屋町
浄念河岸（裏通り）
浄念河岸（裏通り）
江戸町二丁目
江戸町一丁目
表通り
表通り
江戸町二丁目
江戸町一丁目
大門
表通り
伏見町
面番所
四郎兵衛会所
五十間道
高札
明石稲荷
榎本稲荷
見返り柳
玄徳稲荷
衣紋坂
日本堤

吉原の遊女の階級を知っておこう

吉原には最盛期で6000人を超える遊女が所属していたが、遊女には階級があった。高級遊女といえば「花魁」というイメージがあるだろうが、花魁は高級遊女を総称して呼んだ呼び方で、正式な階級の名称ではない。なお、花魁は吉原独特の呼称であり、岡場所《おかばしょ》や宿場の遊女は、たとえ揚代が高くても花魁とは呼ばない。

遊女の階級は時代によって変遷がある。元吉原の時代、遊女には太夫《たゆう》、格子《こうし》、端《はし》という序列があった。太夫が最上位の遊女である。寛永《かんえい》年間（1624〜1644年）には70人以上の太夫が存在したが、新吉原に移ってから太夫の数は徐々に減り、元禄《げんろく》年間（1688〜1704年）にはたったの4人しかいなくなってしまった。格子も太夫と同様、さまざまな教養を身に付けた高級遊女だった。端は、当時の最下級の遊女である。元吉原の末期には、端から局《つぼね》という階級があらわれ、局は格子の次の階級とされた。

新吉原に移って間もなく、町奉行の取り締まりにより岡場所で商売していた遊女が吉原に送り込まれた。彼女たちは「散茶《さんちゃ》」と呼ばれた。散茶は局と同格にランク付けされた。同じ頃に局が「梅茶《うめちゃ》」「五寸局《ごすんつぼね》」「並局《なみつぼね》」に分かれ、局という階級はなくなった。また、お歯黒どぶの周囲に切見世《きりみせ》と呼ばれる下級の遊女屋が出現し、そこに所属する遊女を「切見世女郎」というようになり、端も消滅した。

宝暦《ほうれき》年間に太夫と格子がいなくなり、散茶が最高位の遊女となった。その後、散茶が呼出《よびだし》（呼出昼三とも）、昼三《ちゅうさん》、付廻《つけまわ》しに分かれ、この三つの階級の遊女を「花魁」と呼ぶようになる。呼出と昼三は張見世《はりみせ》（遊女屋で顔見世をして客をとること）をせず、道中をして仲の町の引手茶屋《ひきてぢゃや》に出向き、そこで客と合流するなり顔見世を行った。道中をしたあとに引手茶屋で顔見世を行うことを「仲の町張り」というが、仲の町張りは呼出と昼三だけに認められた特権だった。

局から分かれた梅茶はその後、座敷持《ざしきもち》と部屋持《へやもち》に分かれた。座敷持は寝起きする個室のほかに客を迎えるための座敷を与えられた遊女で、付廻しの下である。部屋持は座敷を与えられない遊女で、座敷持の次の位となる。座敷持を花魁に含めることもある。

整理すると、最終的には「呼出→昼三→付廻し→座敷持→部屋持→五寸局→並局→切見世女郎」という序列となり、この序列が幕末まで続いた。

吉原の遊女はどのように一日を過ごしたか？

遊女の一日は、昨夜共寝をした客を見送る「後朝《きぬぎぬ》の別れ」からはじまる。遊女は遊女屋の二階の階段のところまで、または階段の下まで、場合によっては大門《おおもん》のところまで客を見送った。客を見送った遊女は、二度寝をする。客がいる間の遊女は熟睡していなかったので、ここで睡眠時間を補ったのだ。

昼四ツ（午前10時頃）には、二度寝していた遊女たちもみな起き出して、遊女屋の一日がはじまる。昼九ツ（正午頃）までは自由時間だったが、この間に身支度をしなければならない。遊女は朝風呂に入り、毎日やってくる髪結いやお付きの新造《しんぞ》などに髪形を整えてもらう。自由時間のうちに食事を済ませ、客に手紙などを書いた。

昼九ツ（正午頃）になると、吉原の営業がはじまる。夕七ツ（午後4時頃）までが、昼間の営業時間としての「昼見世《ひるみせ》」である。呼出や昼三などの高級遊女を除いた遊女たちは、

遊女の一日

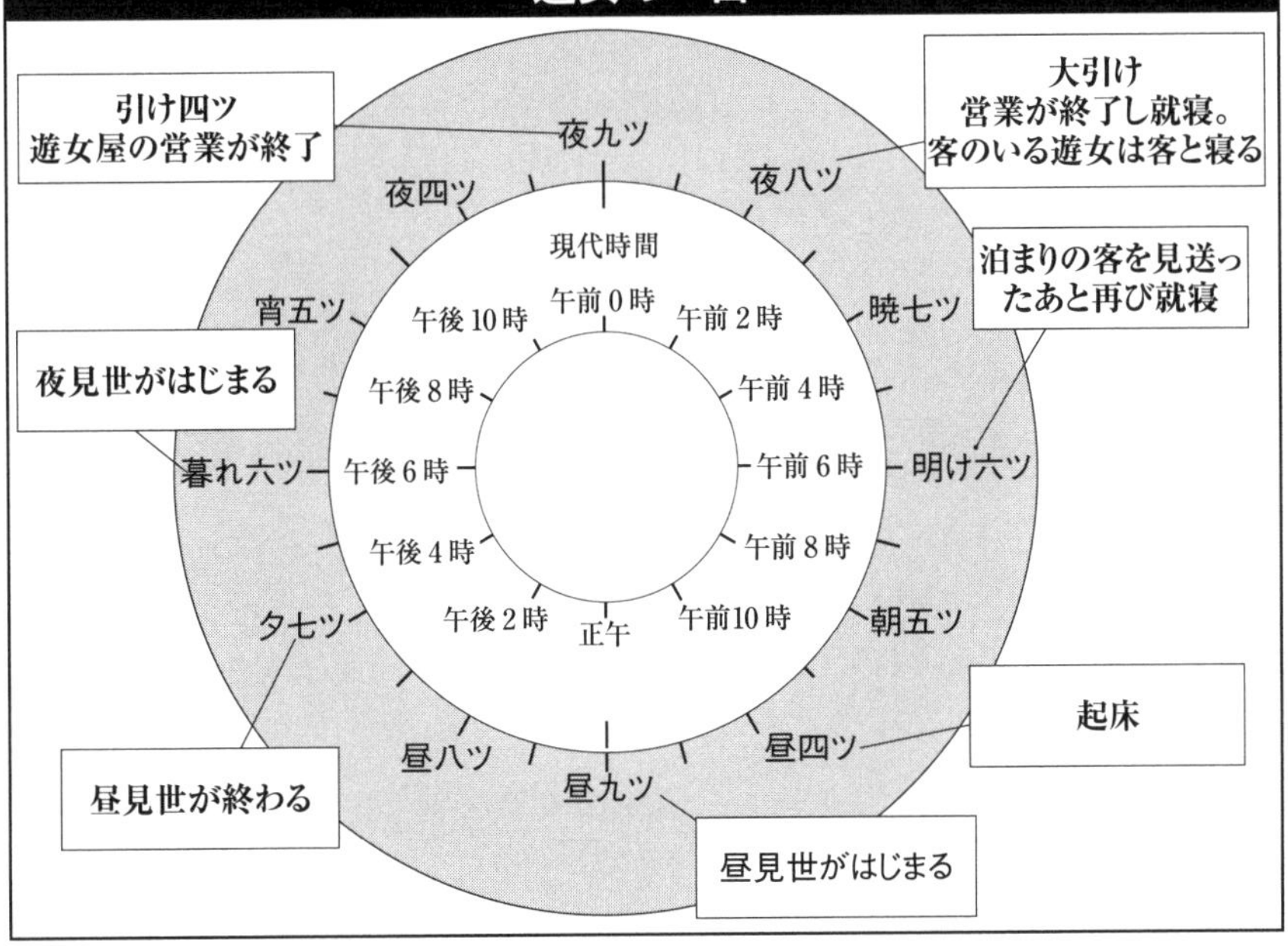

通りに面した格子越しに往来の客たちが品定めをする「張見《はりみ》世《せ》」に出た。一般に昼見世は客が少なく、張見世に出た遊女ものんびりとしていた。客がつけば座敷にあがったが、そうでなければ仲間の遊女と雑談に興じたり、文を書いたり、双六《すごろく》遊びや花札をしたりして過ごした。

　昼見世が終わると、遊女たちは遅い昼食をとって、しばし自由時間となる。そして暮れ六ツ(午後6時頃)になると夜見世《よみせ》がはじまる。張見世の大行灯には灯がともされ、毛氈《もうせん》の敷かれた中央に遊女屋筆頭のお職《しょく》が座り、そのほかの遊女たちが階級

昼見世の空いた時間でかるた遊びに興じる遊女たち。(『青楼美人合姿鏡』)

順に左右に分かれた。客がついた遊女は二階の座敷で客と対面する。しかし、すぐに床につくのではなく、言葉を交わすと、遊女はまた階下へ降りて張見世へ並ぶ。ほかの客からの指名も取るためである。何人か客をとると、二階でそれぞれの客の相手をする。

夜九ツ(午前0時頃)の拍子木の合図で「中引け《なかひ》」となる。吉原ではこの時刻を「引け四ツ《ひよつ》」といい、遊女屋の表戸が閉められるので、それ以降の客はとらない。夜八ツ(午前2時頃)を知らせる拍子木の合図で「大引け《おおひ》」となり、吉原の営業は終了する。それまで宴会をしていた客も遊女もみな床につく。もちろん、床入り後の接待には際限がない。後朝《きぬぎぬ》の別れをするまで、遊女の仕事は続いた。

第六章

地方の遊女
——各国で繁栄した岡場所と遊郭

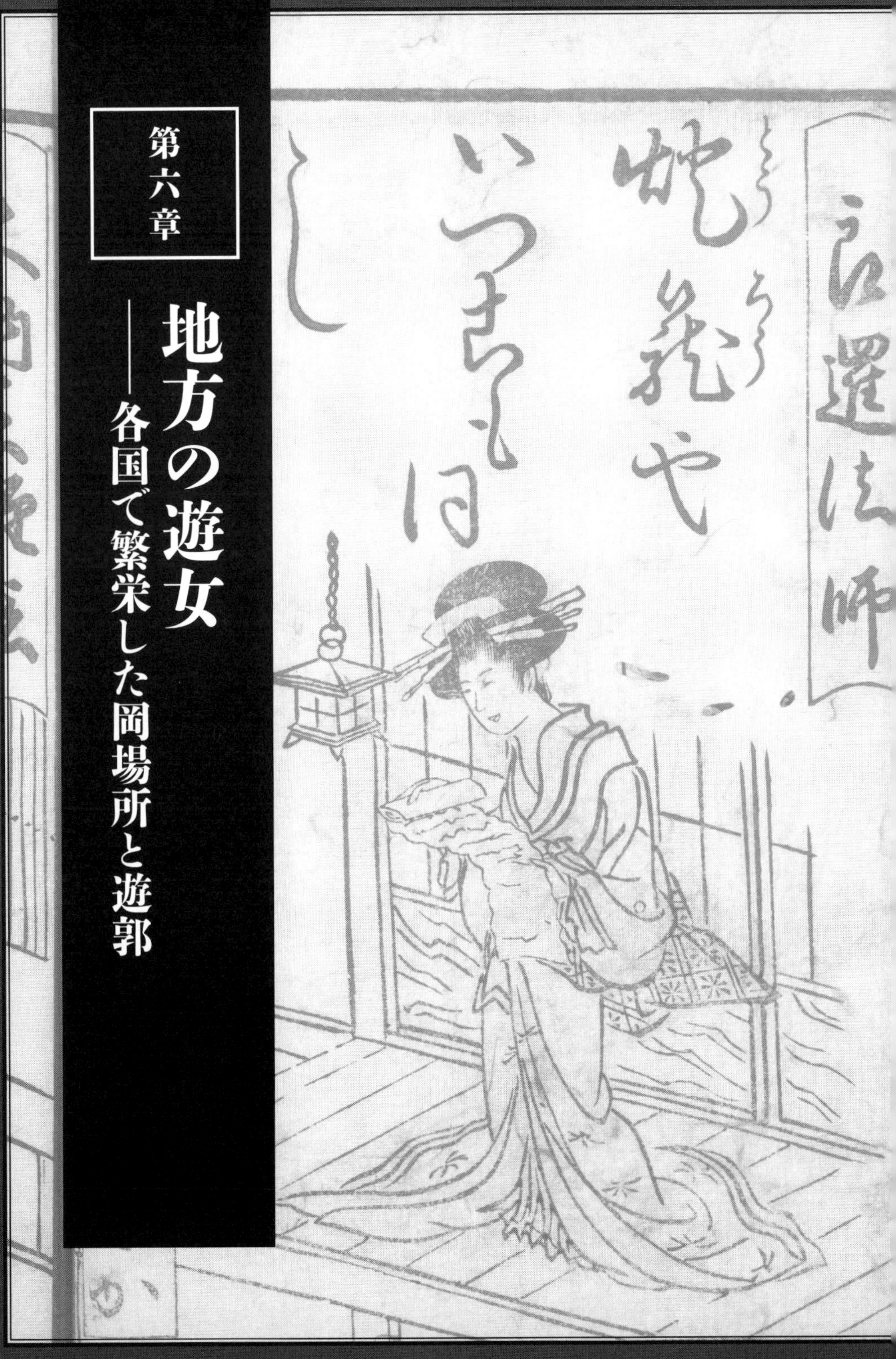

成田街道を往来する客を目当てに大繁盛

下総国の遊女

海上交通の要衝であり、成田山参詣などの通り道でもあった下総国（千葉）の遊里。

千葉県の遊里のはじまりは木下海岸

1840年（天保《てんぽう》11）に刷られた『諸国遊所見立角力并ニ値段附《しょこくゆうしょみたてすもうならびにねだんづけ》』によると、千葉県（下総《しもうさ》国）内の遊里は、銚子《ちょうし》と船橋《ふなばし》の2カ所となっている。

それより古い遊里となると、木下《きおろし》（現千葉県印西市《いんざいし》）であろう。1826年（文政《ぶんせい》9）に、木下の稲荷《いなり》神社に奉納されたとされる常夜燈《じょうやとう》には、船頭小宿の主人の名と、数名の遊女の名が刻まれている。木下は、香取《かとり》、鹿島《かしま》、息栖《いきす》の三社参詣（鹿島と息栖は常陸《ひたち》国）や、成田山《なりたさん》参詣などで旅人が集まり、また、利根《とね》川と手賀沼《てがぬま》沿いにあったことから、荷物を揚げ下ろす船の出入りも多かった。そのため、1711年（宝永《ほうえい》8）の段階で、すでに飯盛女《めしもりおんな》を抱えた「船頭せんたく宿」という遊女屋ができている。このせんたく宿は、佐倉《さくら》藩の御蔵《おくら》屋敷が同所に建てられることになったため閉鎖されたが、1825年（文政8）に再興されることになった。前記の常夜燈は、このときのものである。

木下の船頭小宿を推進したのは、問屋七之助という男で、代官所に「船頭小宿願」を提出している。その中身が残っており、そこには「船頭小宿五軒を設け、一軒につき下女一〇人を置く」ことや、「毎年一〇〇両を冥加金《みょうがきん》として代官所に上納する」ことなどが書かれている。

代官所から許可を得て、三喜屋《みきや》という船頭小宿が下女８、９人を抱えて開業すると、木下では次々と遊女屋がオープンした。３カ月もたつと、船頭小宿５軒（三喜屋、布川《ふかわ》屋、丸亀《まるがめ》屋、海老須《えびす》屋、松本《まつもと》屋）に加え、揚屋《あげや》７軒に、台屋《だいや》（仕出し屋のこと）２軒、芸者屋２軒が開業している。さらに、飯盛旅籠《はたご》も３軒あったとされており、芸者を含めた遊女の数は１００人以上にのぼったと思われる。

当初から人の往来が多かった木下は、遊女屋の発展でさらに人が多くなった。そうなると、口論、喧嘩、狼藉が後を絶たず、治安は一気に悪化した。周辺地域からは船頭小宿反対の運動が巻き起こったが、代官所はこれを黙殺した。そのため、江戸に出て函訴《はこそ》する者まで出た。

そして１８２６年（文政９）10月、幕府の関東取締出役《かんとうとりしまりしゅつやく》による手入れが行われ、船頭小宿３軒と芸者屋１軒が摘発された。逮捕された遊女は、芸者を含めて23人だった。彼女たちは、岩《いわ》代《しろ》国（現福島県）伊達《だて》郡へ送られ、農業に従事するように命じられた。彼女たちは、捕えられてから奥座敷に押し込められていたのだが、彼女たちが奥州《おうしゅう》送りになったあと、そこには遊女たちが落書きしたと思われる歌が、いくつも残されていた。江戸や京都の遊女ほどではないに

江戸時代の下総国絵図（部分）

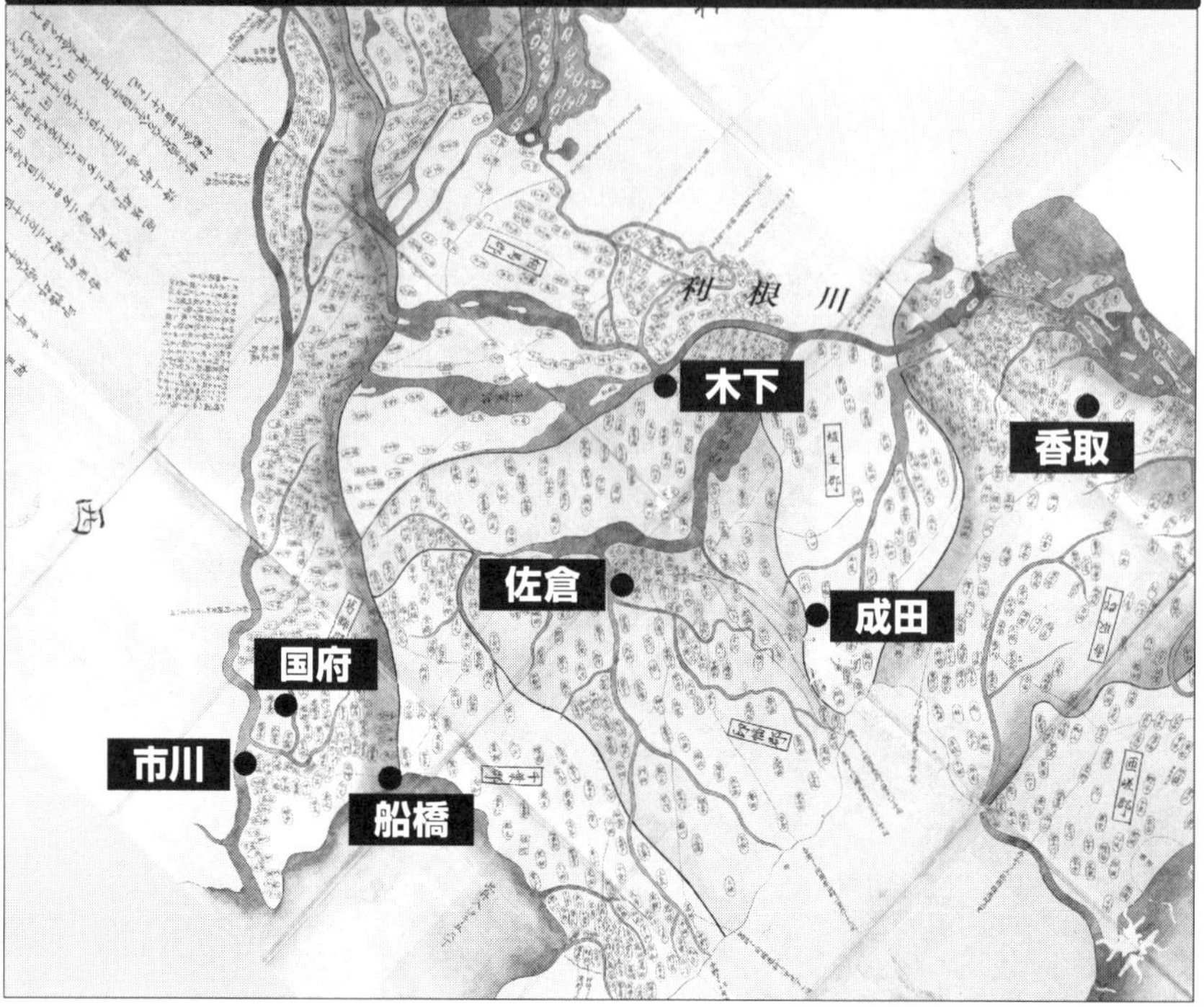

江戸時代の千葉県北部は下総国で、水戸街道・成田街道の通過点でもあり賑わった。
（『関東七州大繪圖』国立国会図書館蔵）

せよ、彼女たちにもある程度の教養が備わっていたことがわかる。

　この一件があってから木下の船頭小宿は衰退していき、いつの間にか文献から姿を消し、現在もその面影をしのばせるものは残っていない。

船橋宿と松戸宿の遊里

　船橋《ふなばし》宿は五日市《いつかいち》村、九日《ここのか》市《いち》村、海神《かいじん》村により構成された宿場町である。成田《なりた》街道の宿駅で、江戸時代の中期に成田山新勝寺《しんしょうじ》参詣が流

船橋宿の遊女と遊女屋。ここに描かれているのが「八兵衛」と呼ばれた遊女である。着ているものが地味だが、本当はもう少し派手な着物などを着ていたらしい。（『成田名所図会』）

行してから、人が集まるようになって大きく発展した。寛政《かんせい》年間（1789～1801年）には22軒の旅籠屋があり、文化《ぶんか》（1804年～）に入ると25軒、天保期（1831年～）には29軒と、その数を徐々に増やしていった。このうち、飯盛旅籠が何軒あったかはわからないが、船橋に飯盛女がいたのは確実である。

十返舎一九《じっぺんしゃいっく》の『諸国道中金《しょこくどうちゅうかね》の草鞋《わらじ》』には「舟ばしのめしもりことを八兵《はちべ》へといふときゝて」とあり、船橋の飯盛女は「八兵衛」と呼ばれていた。なぜ八兵衛と呼ぶのか、その起源については諸説ある。方言の「～べぇ」を多用したので、「八百べぇ」（八百は数が多いことを象徴する数）といわれ、それ

江戸時代の銚子（千葉県）は漁業とともに海上交通の要地として栄え、岡場所としても繁栄した。（『六十余州名所図会』のうち「下総銚子の浜外浦」）

が八兵衛になった。

また、成田山参詣の客が、「行きにしべえか、帰りにしべえか」と迷うので、「しべえ」を合わせて八兵衛とした。さらには、船橋の飯盛女たちが客呼びの際に「お客さん、しべいしべい」と言ったので、「しべい」を合わせて八兵衛と呼ぶようになったともいわれている。この八衛兵という呼び方は、船橋だけではなく、房総各地で使われていた。

船橋の飯盛旅籠は、明治に入って貸座敷と名を変えて存続したが、鉄道開通などの社会変化によって衰退した。戦後、貸座敷は72軒にまで増えたものの、売春防止法（1957年）の施行で幕を閉じた。

『諸国遊所見立角力幷ニ値段附』に掲載されていたもうひとつの銚子遊所は、松岸《まつぎし》のことである。その全盛は文化《ぶんか》期（1804〜1818年）以前のことだ。松岸の岡場所は長く続き、1

929年（昭和4）刊行の『全國花街めぐり』によれば、3階建て80室の第一開新楼、2階建て50室の第二開新楼に、合わせて40人の遊女と4人の芸者が所属している。

松戸《まつど》宿は、水戸《みと》街道の宿駅で、幕府が関所を設けた重要な宿場である。遊女屋が栄えたのは、松戸宿のすぐ近くにある江戸川水運で賑わった平潟河岸《ひらがたかし》で、平潟遊郭と呼ばれるのは明治以降のことである。

平潟河岸の飯盛旅籠は、1663年（寛《かん》文《ぶん》3）頃には存在した。1802年（享和《きょうわ》2）の史料によると、平潟河岸には33軒もの飯盛旅籠が営業していた。

全盛期には155人の遊女がいたともいわれ、水戸街道沿いでは、もっとも繁栄した遊里といえる。

色街こぼれ話

紅葉見物を口実に平潟の遊里に遊びに行った

平潟河岸を詠んだ歌も多くあり、「船虫《ふなむし》をなぶる松戸の禿《かむろ》ども」「松戸へはせなあは真間《まま》を売って行《いき》」などがある。前者の「船虫」は、船頭客のことを揶揄《やゆ》しており、つまり、平潟河岸の客に船頭たちが多かったということだ。

後者の「真間」は、紅葉の名所である市川真間のことで、「せなあ」は田舎の兄さんという意味だ。つまり、松戸の田舎の男たちは、紅葉見物を口実にして松戸の遊所へ遊ぶに行くという意味になる。これは、江戸の人間はそんなことはしないという皮肉がこめられている。

江戸と東北を結ぶ水郷の遊里

常陸国の遊女

潮来節で全国的に有名になった潮来遊郭。
幕末は尊攘派志士ともかかわった。

潮来節で有名になった潮来の遊里

潮来《いたこ》は、茨城県南部の利根川の左岸に位置し、水郷として発展した。ここで、遊廓開設の願いが水戸藩に出されたのは、1679年（延宝《えんぽう》7）のことだった。江戸をつなぐ水運として栄え、港には東北諸藩の蔵屋敷《くらやしき》も数多く、千石船《せんごくぶね》（江戸時代に使われた大型荷船）も頻繁に出入りした。

この願いに対して、水戸藩は2年後の1681年（天和《てんな》1）に、8軒の遊女屋に許可を出した。『新編潮来集』によると、水戸藩はそのとき「江戸吉原遊廓にならうこと」という条件をつけたとされる。

潮来遊郭は新町《しんまち》遊郭と呼ばれ、1715年（正徳《しょうとく》5）には遊女85人を数え、1840年（天《てん》保《ぽう》11）になると140人にまで増えている。もちろん、この数は行政から許可された人数の申請であり、実際の数はもっと多かったことは間違いないだろう。潮来遊郭が最盛期を迎えたのは、1800年前後のことだった。

1817年（文化《ぶんか》14）には、小林一茶《こばやしいっさ》が潮来遊郭を訪れている。一茶は鹿島《かしま》参詣の後、大舟津《おおふなつ》から潮来にやって来て、俵屋《たわらや》という宿屋に宿泊し、翌日に銚子へ渡った。このとき、「三味線《しゃみせん》で鴫《しぎ》を立たせる潮来かな」という句を詠んだとされる。遊女の三味線に水鳥が驚いて飛び立つほど、楽しい宴だったという意味である。1839年（天保10）の『潮来図誌』には「常陸なる潮来の里は、東都五町街にならひし廓《くるわ》なり。（中略）うしほのさし引きある故《ゆえ》にさは名つけしならん。爰《ここ》より遊女町まで十余町、其間《そのかん》を浅間《せんげん》下《した》とて、いや高き並木なり」とあり、当時の繁盛の様がうかがえる。

潮来遊郭が、ここまで発展した理由に、潮来節の存在がある。潮来節は潮来で起こった座敷歌のひとつで、宝暦《ほうれき》から明和《めいわ》期（1

色街こぼれ話

新撰組の局長も遊んだ潮来遊郭

幕末には、水戸藩出身で新撰組《しんせんぐみ》（当時は壬生浪士組《みぶろうしぐみ》）局長として名を馳せた芹沢鴨《せりざわかも》が、潮来遊郭を利用している。芹沢は、天狗党《てんぐとう》の前身となる文武館《ぶんぶかん》党に参加しており、その結党の祝宴が潮来の遊女屋で行われたという。この同日、清河八郎《きよかわはちろう》（後に浪士組を発足させた尊攘志士）も偶然に潮来遊郭を訪れており、清河もまた遊郭を利用した。ところが、遊女たちはみな文武館党の祝宴に駆り出されており、一人もいなかったという。

751〜1772年）には、江戸の花街でも大流行した。江戸では、操り人形の音楽などにも用いられるほどで、これを契機に潮来は一気に全国区となった。

ここまで繁栄した潮来遊郭ではあったが、幕末の動乱期には水戸天狗党や、過激な尊攘派たちが潮来で会合を開くことが多くなり、一般客の足が遠のいてしまった。さらに、潮来の港を流れる前川の川底が浅くなり、千石船《せんごくぶね》の航行が難しくなった。そのため、江戸との交通の便が悪くなり、港町としての機能を失い、仙台《せんだい》藩などの蔵屋敷も姿を消した。こうして潮来遊郭は一気に衰退してしまい、明治維新の頃には遊女屋9軒、遊女100余人にまで減少した。

潮来の次に開設された祝町の遊里

潮来遊郭の次に開設されたのが、おそらく祝町《いわいまち》遊郭であろう。祝町遊郭は1695年（元禄《げんろく》8）、2代藩主・水戸光圀《みつくに》が大洗《おおあらい》の願入寺《がんにゅうじ》に営業許可を出したことではじまった。当初は洗濯屋と呼ばれていたが、遊女屋のことである。光圀は、親鸞《しんらん》ゆかりの願入寺を再建しようと考え、遊郭からの運上金《うんじょうきん》（税金の一種）をあてにしたといわれる。祝町遊郭は、対岸の那珂湊《なかみなと》に出入りする廻船《かいせん》や船頭、水夫たちの多くが遊客として訪れた。ただ、この遊郭には家中藩士と領民たちの出入りは禁じられていた。しかし、1761年（宝暦《ほうれき》11）、1789年（寛政《かんせい》1）に繰り返し禁礼が出されているように、藩士や領民たちの出入りがなくなることはなかったようだ。

こうして祝町遊郭は賑わい、文政《ぶんせい》期（１８１８〜１８３０年）には遊女が70人に増え、天保期（〜１８４４年）には１５０人にまで増えた。弘化《こうか》初期（１８４５年頃）に全盛期を迎え、遊女の数は３５０人にまで膨張した。しかし、祝町遊郭は幕末になって一気に衰退することになる。１８５９年（安政《あんせい》６）に横浜、長崎、箱館が開港されると、常陸那珂湊に立ち寄る廻船が激減し、祝町遊郭の遊客もまた大幅に減ってしまったのだ。また、潮来遊郭と同じように、水戸天狗党や尊攘派がたむろすることが多くなり、客足を遠ざけた。

江戸時代の常陸国絵図

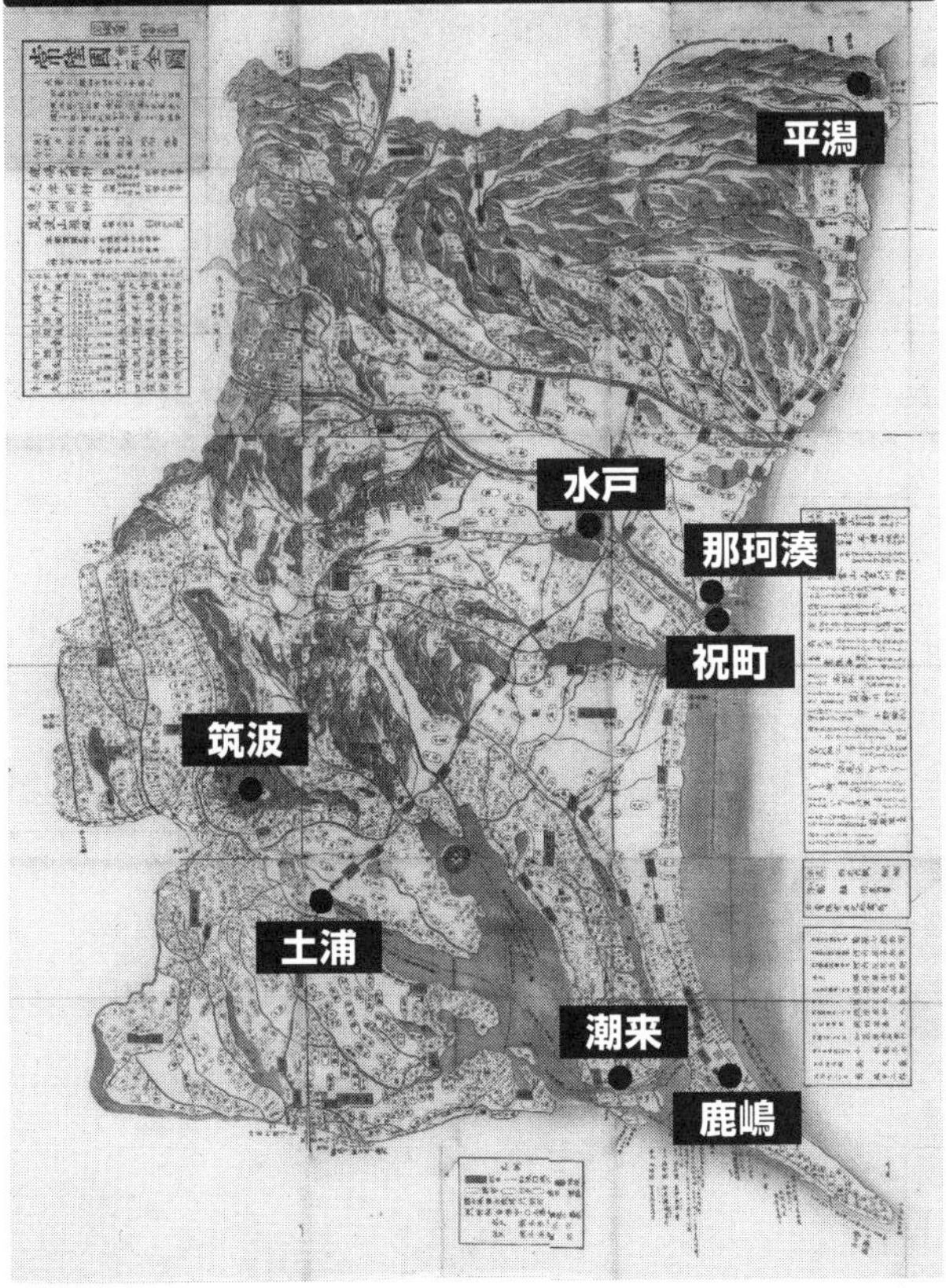

海上交通の中継地であり、徳川御三家・水戸家のおひざ元として常陸国は発展した。（『常陸国全図』）

さらに、筑波《つくば》

山《さん》に挙兵した天狗党が幕府の討伐対象になると、追いつめられた天狗党が祝町遊郭に立て籠もり、ついには火を放って逃走する事態となった。このため遊女たちは一人残らず姿を消した。

潮来は東北方面から江戸・大坂へ向かう船が立ち寄る中継地として栄えた。これは潮来の遊女と遊んでいる男性客の図。（『五色潮来艶合奏』）

明治になって混乱が収拾し、祝町が復興されたとき、遊女屋も数軒戻ってきた。しかし、以前のような盛況さは戻ってこなかった。1901年（明治34）の遊女数は100人程度まで減少し、1925年（大正14）の頃には35人となった。その後も復活することなく、1930年（昭和5）には遊女はたった3人となってしまった。祝町は、隣接する湊町と合併して、湊町にあった遊郭を祝町に移すことを考えたが、合併話はうまくいかず、祝町遊郭は潮来遊郭に移設されることになった。こうして、祝町遊郭は歴史に幕を閉じたのである。

常陸では、ほかに天明《てんめい》期（1781〜1788年）に洗濯屋から遊廓に発展した平潟《ひらがた》遊廓、猿島《さしま》郡の横《よこ》町《まち》、中田遊廓、土浦《つちうら》遊郭、最盛期には11軒の妓楼を数えた筑波郡の筑波遊郭などがある。

将軍家ゆかりの国の遊里

駿河国の遊女

駿河国内には二十を超える宿場があり、そのほとんどに飯盛旅籠が設置された。

江戸吉原の元となった二丁町遊郭

江戸に幕府を開いた徳川家康《とくがわいえやす》は、1607年（慶長《けいちょう》12）、将軍の座を嫡男・秀忠《ひでただ》に譲って、自らは駿河府中《するがふちゅう》（駿府《すんぷ》）に隠居した。その際、家康は諸侯に命じて駿府城の拡張工事を行った。そのため、各国から家臣団と人夫が集まり、わずか1万数千人だった駿府の人口は10万人ともいわれるほどにまで膨張した。しかも、その大半が男である。そうなると女性に癒しを求めるのが男の常で、ただでさえ少ない遊女や飯盛女、湯女《ゆな》の奪い合いになった。

この状況に、家康は当初、遊女たちの追放を命じた。ところが、鷹匠《たかじょう》組頭の伊部勘右衛門《いべかんうえもん》が遊郭の設置を願い出た。伊部勘右衛門が家康の鷹狩りの先生でもあったことから、家康は遊郭設置を許可した。勘右衛門は駿府城下の安倍川《あべがわ》近くに土地1万坪を買い、自身も伏見屋《ふしみや》という店を出して遊郭をつくった。これが静岡遊郭のはじまりである。

駿府城下には96町があったが、そのうち7町が遊郭だった。そして、江戸に吉原遊郭がつくられたとき、そのうち5町が江戸へ移ったため、残った2町をとって二丁町《にちょうちょう》遊郭と呼ばれた。なお、遊郭設置の許可が下りたとき、遊郭地に指定されたのはキリスト教禁制で破壊された耶《や》蘇《そ》寺の跡だったといい、その地が二丁四方だったことから二丁町遊郭と呼ばれるようになったという説もある。

二丁町遊郭は格式が高く、張見世《はりみせ》をするときも、真正面から向き合うのではなく、横顔しか見せなかった。その代わり、決して廻《まわ》しを取らなかった。廻しは日本中の遊郭・岡場所で実施していたが、二丁町遊郭では絶対に行わなかった。

『ふるさと百話』（静岡新聞社編）によれば、二丁町遊郭では遊女の数が多いときには300人を超えた（1859年頃）といい、ほかの遊廓と比べても人数がかなり多いことがわかる。これも廻しを取らなかったからであろう。

二丁町遊郭にも大小さまざまな遊女屋が立ち並び、なかでも有名なのが蓬莱楼《ほうらいろう》という最大の遊女屋である。維新後の1870年（明治3）に創業された、日本三大楼のひとつともいわれている。この蓬莱楼は、日本で初めて洋装の遊女を採用し、建物も洋館風に改築している。1945年（昭和20）、アメリカ軍の焼夷弾爆撃によって静岡全市が焦土と化し、このとき二丁町遊郭も焼失し、再興されることはなかった。

駿河国内の宿場（三島〜金谷まで）

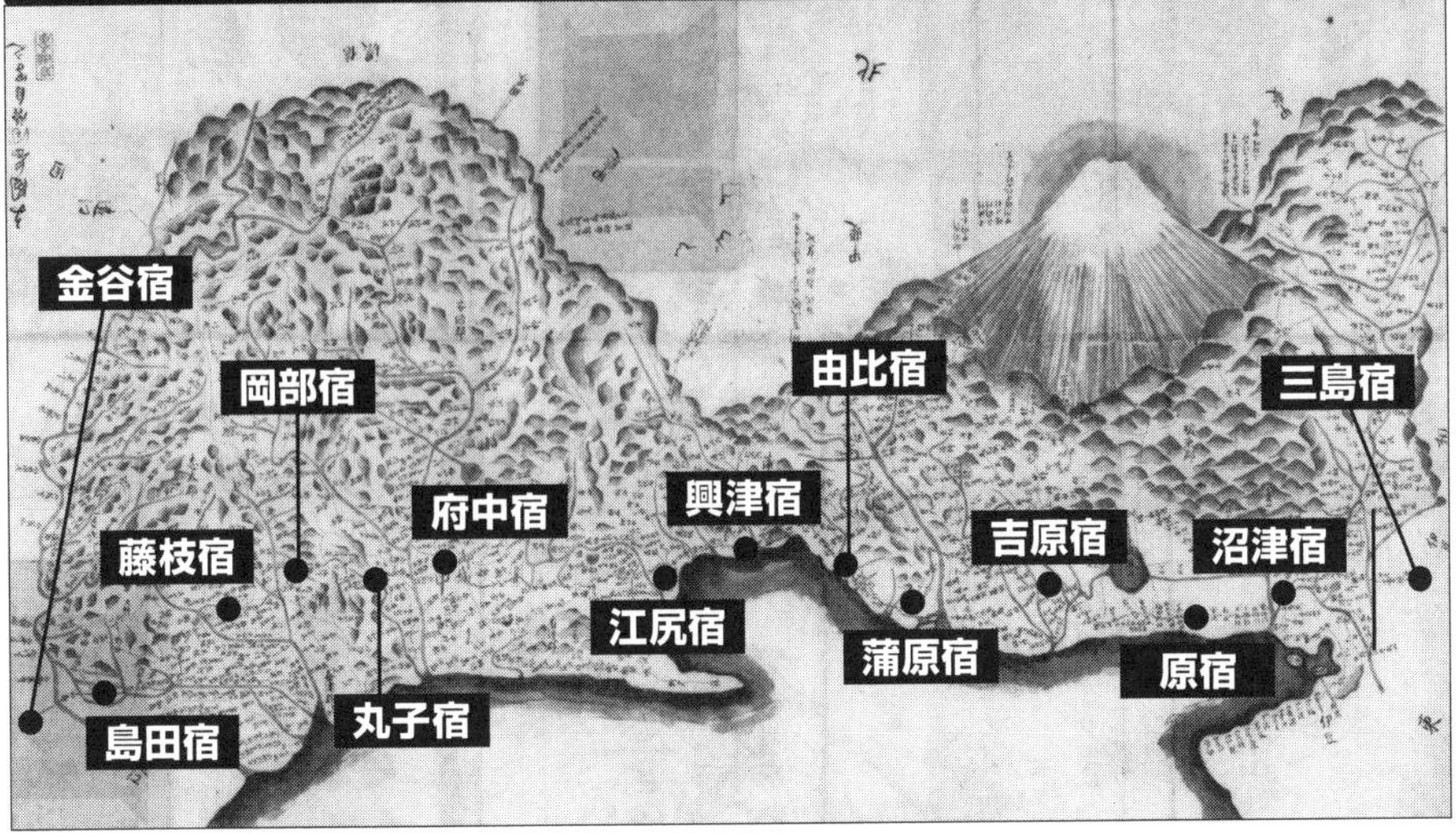

江戸時代の駿河国には22の宿場があり（地図内には三島から金谷までの14宿場のみ記載）、そのうち15の宿場に飯盛女がいた。（『駿河国絵図』）

宿場町にあふれた多くの飯盛旅籠

静岡には、東海道の宿場が多い。三島《みしま》宿から白須賀《しらすか》宿まで22カ所と、他国をしのぐ数である。江尻《えじり》、鞠子《まりこ》、掛川《かけがわ》、舞阪《まいさか》、新居《あらい》の宿場には飯盛女は置かれなかったが、それ以外の宿場には飯盛旅籠《はたご》があった。

文政《ぶんせい》以降に成立したとされる『旅枕《たびまくら》五十三次《ごじゅうさんつぎ》』では、三島《みしま》、原《はら》、吉原《よしわら》、由井《ゆい》、興津《おきつ》、府中《ふちゅう》、岡部《おかべ》、藤枝《ふじえだ》、島田《しまだ》、金谷《かなや》、日坂《にっさか》、袋井《ふくろい》、見附《みつけ》、浜松《はままつ》、白須賀の各宿場に飯盛女が存在することが確認でき、その揚代《あげだい》まで記載されている。飯盛女が置かれなかった前記の5宿場に関しても、「飯盛女なし」と書かれている。府中は二丁町遊郭があるので、ここには飯盛旅籠は置かれなかった。
宿場町以外でも、清水湊《しみずみなと》にも遊女屋があり、忍屋《おしや》、万屋《よろづや》、魚屋《うおや》、酒屋、清蔵《きよくら》、清九郎《せいくろう》などの遊女屋が、近世初期に短期間だけ営業していた。

興津宿の飯盛女との情事。東海道沿いの宿場町であった興津には多くの飯盛女がいた。(『旅枕五十三次』)

興津宿には、飯盛旅籠が20軒ほどあった。揚代は飯盛女500文と、ほぼ相場である。ここには男色の旅籠屋もあったといい、その点で、ほかの宿場とは違った。また、熱海《あたみ》などの温泉場に洗濯女と呼ばれる私娼がおり、たびたび幕府の取り締まりを受けているが、彼女たちを供給していたのが興津だったといわれている。

島田の飯盛女は、島田髷《まげ》を

全国に流行らせたことで有名である。島田宿は、大井川《おおいがわ》渡しでもあり、かつては大井川が氾濫して島田に足止めされることも多かった。そんなときは、貧しい近郷在住の娘たちが集まってきて、遊女のごとき商売をしていたという記述もある。また、遊女ではない旅籠の女中たちも相手となったともいい、その混雑ぶりがうかがえる。

浜松宿は、東海道の宿馬の中でも、指折りの「色街」としても有名だった。浜松宿には本陣《ほんじん》と脇本陣《わきほんじん》が置かれており、幕府にとって重要な宿場であった。本陣が置かれたのが伝馬町《てんまちょう》、脇本陣が置かれたのが旅籠町だった。この両町の飯盛旅籠は合わせて94軒、飯盛女300人が在籍していた（1842年）。この両町の遊女屋街は道幅が狭く、旅籠に並ぶ飯盛女たちが壮観で、その様子が旅人の口コミで広がったという。

浜松遊郭は、1942年（大正13）に鴨江《かもえ》に移転し、二葉《ふたば》遊郭となった。二葉遊郭は主人から従業員のすべてが女性という珍しい遊郭だった。そのサービスはキメが細かいと話題となり、二葉遊郭は繁盛した。

日本海交通の要所として遊里も発達

北陸の遊女

新潟・金沢の遊里は全国的にも有名で、岡場所として発展していった。

新潟で栄えた港町の遊里

新潟の遊廓の歴史は古く、１７６０年（宝暦《ほうれき》10）の文書には「牧野駿河守《まきのするがのかみ》領分越後《えちご》国新潟湊《みなと》賣女差置候儀《ばいじょさしおきそうろうのぎ》、元和《げんな》年中《ねんじゅう》越後にて領地拝領以来、停止仕《つかまつり》候《そうろう》儀も無御座《ござなく》」とあり、元和《げんな》年間（１６１５～１６２４年）には、すでに新潟に遊女がいたことがわかる。『越後風土考』などによれば、直江津《なおえつ》、出雲崎《いずもざき》、寺泊《てらどまり》に遊里があったという。寛永《かんえい》年間（１６２４～１６４３年）、今はない熊野権現社《くまのごんげんしゃ》から超願寺小路《ちょうがんじこうじ》の周辺に、5～6軒の遊女屋があり、1軒につき4～5人の遊女がいた。ここは中道《なかみち》と呼ばれ、幕府から正式に許可されたものではなかったが、黙認されていたという。その後も息長く繁栄し、１７５３年（宝暦3）には、遊女たちの派手な衣装の取り締まりが行われるほどの活況を見せていた。やがて上寺《かみでら》町、下寺《しもでら》町にも人が集まるようになると遊女屋も広がりを見せ、遊女屋を古町《ふるまち》に移して営業する者もあらわれた。

文政《ぶんせい》年間（1818〜1830年）の調査では、遊女を抱える旅籠《はたご》、茶屋が176軒にも及び、新潟55町に広く分布しており、そのほとんどが住宅や店舗と混在していた。長岡《ながおか》藩は、これら遊女屋をなるべく集中させようと考えた。古町、寺町の中心部の遊女家を泊茶屋《とまりぢゃや》とし、遊女は茶汲《ちゃく》み女《おんな》と呼ぶこととし、熊谷小路《くまがやこうじ》、毘沙門島《びしゃもんじま》の遊女家を船宿、遊女は洗濯女と呼ぶことを決めて、営業場所を9町、7町に限定した。そして、それ以外の地域でのまぎらわしい商売を禁じた。このとき届け出があったのは、泊茶屋107軒、船宿17軒だったという（合わせて151軒だったともいわれる）。

新潟では、遊女を八百八後家《はっぴゃくやごけ》といった。当初は、妓楼《ぎろう》お抱えの公娼（厳密には幕府公認ではない）以外の私娼のことをいったが、後には年増の遊女を称して呼ぶこともあったという。文政年間（1818〜1831年）には、200人以上の八百八後家がいた。十返舎一九の『東海道中膝栗毛《とうかいどうちゅうひざくりげ》』にも、越後の八百八後家が登場しており、当時は全国に知れ渡っていた。幕末の遊所番付では、大関の京都・大坂につぐ前頭筆頭にランク付けされるほどにまで成長し、儒学者として著名な頼三樹三郎《らいみきさぶろう》も立ち寄り、いくつかの詩作品を残している。

明治時代に入って、町の中心部に遊郭があることを嫌った行政が、1893年（明治26）の大火事で、西堀前通りの貸座敷が全焼したことを契機に、北方の十四番街への移転を決定した。十四番街遊郭と呼ばれ、純和風の妓楼から豪華な西洋風の妓楼が立ち並び、売春防止法施行で閉鎖されるまで存続した。

越後国のおもな岡場所

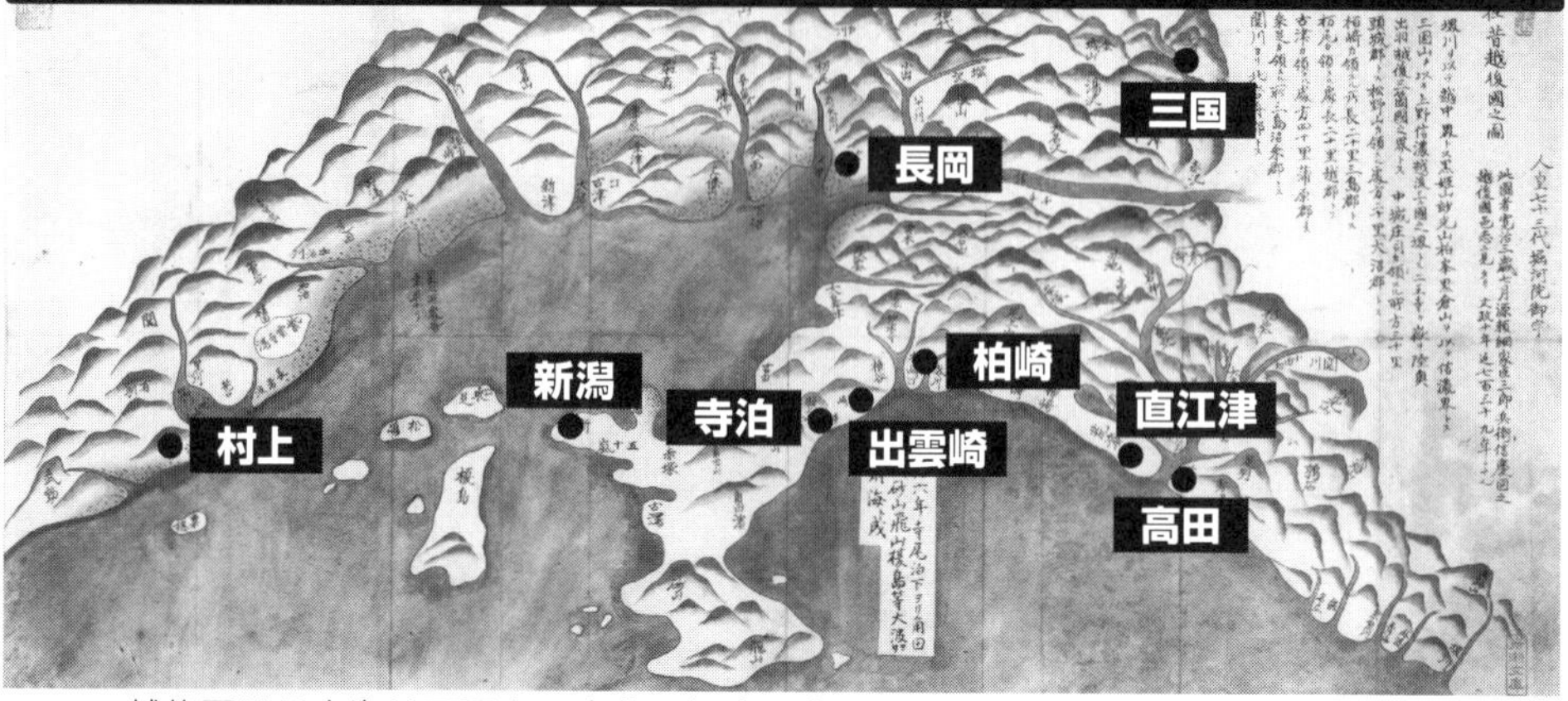

越後国は日本海は西国から東北・蝦夷へ向かうための海上交通の中継地点として各港が栄えた。遊里も日本海沿いに多い。（『越後古絵図』）

新潟には、ほかにも多くの遊里があり、たとえば佐渡金山《さどきんざん》の陸揚地として栄えた出雲崎がある。『間叟雑録《かんそうざつろく》』（1799年）には、「出雲崎の妓（遊女のこと）を養ふ家すべて二十軒ばかりあり、（中略）揚《あげ》やといふも別にあり茶屋也《なり》、揚やへよびてもあそぶ也」とある。また、長岡藩の家老・河井継之助《かわいつぐのすけ》が、「人道上許しがたい」と廃業させてしまった長岡遊郭がある。

北国街道と北陸街道が交差する高田《たかだ》は、城下町としても宿場としても発展していたが、城下での遊女営業は禁止されていた。しかし、ほかの宿場と同じように飯盛旅籠が乱立したため、高田藩は「留女《とめおんな》」という遊女を許可するに至った。これが、高田遊郭のはじまりである。留女は、いわゆる飯盛女のことだが、高田では縞《しま》模様で木綿《もめん》の前垂《まえだ》れを着用させることで、飯盛女と区別していたという。

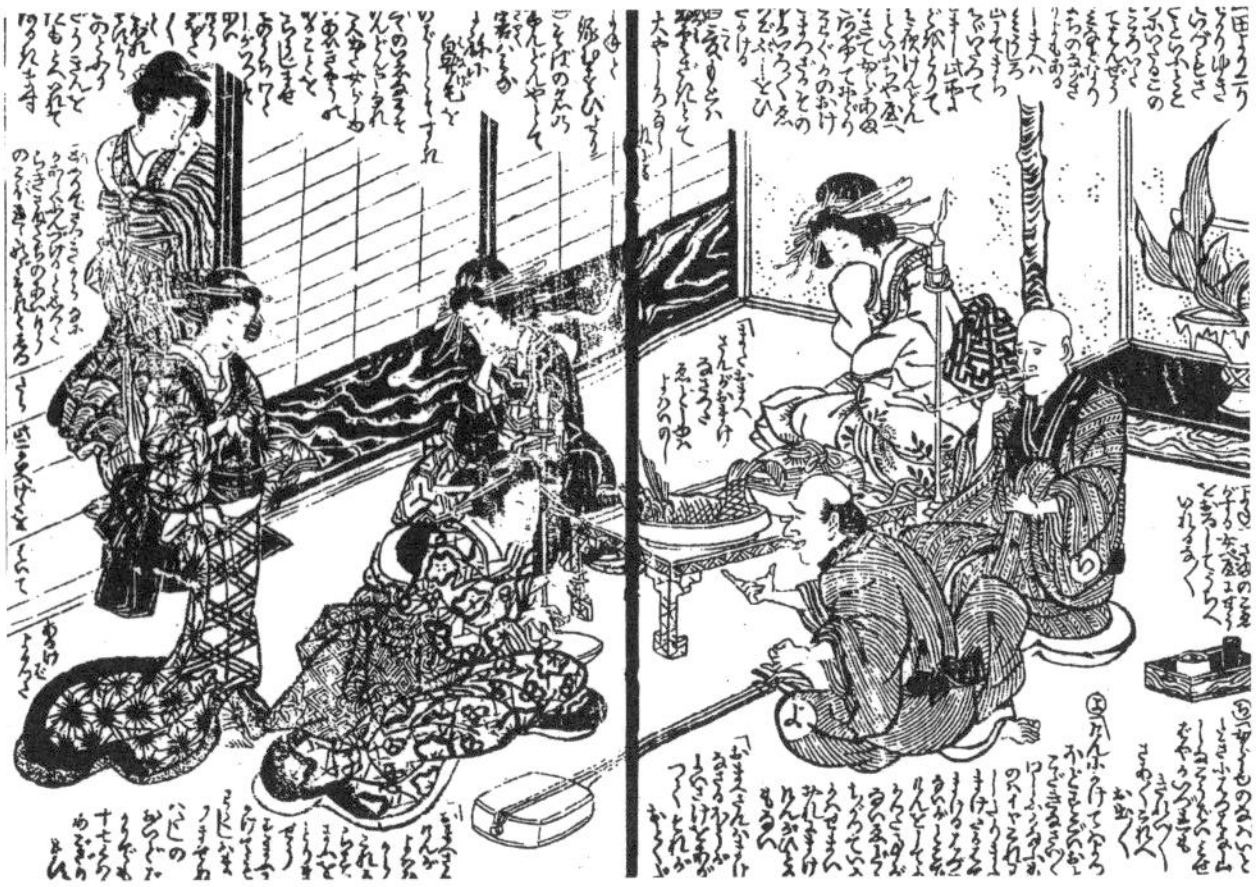

出雲崎の遊女屋２階での遊興の図。出雲崎は佐渡金山でとれる幕府御用金の陸揚げ地として栄え、遊女屋も多く立ち並ぶ繁華街だった。（『諸国道中金の草鞋』）

加賀藩が認めた金沢遊郭

加賀《かが》百万石金沢《かなざわ》の遊郭は、１６２０年（元和６）に浅野川《あさのがわ》近くの堀川《ほりかわ》町に遊女が集められたのが始まりとされる。寛永《かんえい》期（１６２４年～）になると、城下の至るところに遊女があらわれ、治安を悪化させた。そのため、加賀藩は茶屋、風呂屋の別なく売色業はすべて禁止することにした。売色をさせて捕まった足軽某という男は、一族３人が磔刑に処されたという記録もあり、かなり厳しい取り締まりが行われた。

しかし、１６３７年（寛永14）、１６９０年（元禄《げんろく》３）、１７４３年（寛保《かんぽう》３）にも同じような禁礼が出されており、遊女たちが消えることはなかった。天明《てんめい》～寛政《かんせい》期（１７８１～１８０１年）になると、犀川《さいがわ》口の河原笹下町《かわらささかまち》、浅野川口の母衣町《ほろまち》、卯辰《うたつ》、観音坂下《かんのんざかした》、漏尿坂《よつばりざか》、小立野口《こだつのぐち》の馬坂《うまさか》に、次々と出合宿が出現した。出合宿は、いわゆる連れ込み宿のことで「コソヤ」とも呼ばれた。出合宿の遊女のことを「座敷女」といい、賑わいをみせた。

当局の禁制はぬかに釘状態であり、金沢藩は1820年(文政3)、ついに遊郭設置を公認した。遊郭は下筋浅野川卯辰と、犀川石坂の2カ所に限定され、各地に散在していた遊女屋が集められ、卯辰茶屋町、石坂新地として金沢遊郭が誕生した。どちらも江戸吉原のように四方に囲みをめぐらし、入り口に黒塗りの木戸を設け、木戸口には番所を置いた。藩の主導で、茶屋(遊女屋のこと)は上、中、下のランクに分けられ、値段も決められた。また、武家の入廓を禁止し、番所近くに帯刀預所を作って、廓内での帯刀も禁じた。

金沢遊郭は1831年(天保《てんぽう》2)にいったん廃止されたが、1867年(慶応《けいおう》3)に復興が許された。このとき石坂町を西新地、愛宕《あたご》町を東新地として再スタートを切り、東新地が現在のひがし茶屋街である。

色街こぼれ話

加賀国でとくに賑わった「出合宿」とは?

数多く誕生した出合宿のなかでも、観音坂下の出合宿はとくに盛況だった。藤田《ふじた》屋という出合宿は、建物の造りまで豪華だった。虎の間、竹の間、松竹梅など座敷数も多く、上段の座敷もあった。畳の縁はビロウドで織られ、高価な調度品も揃えており、遊郭同然の構えであったという。ただ、ほかの国より遊所に厳しいので、客も遊女も声を押し殺して楽しんだといわれている。

江戸吉原と双璧をなす新町遊郭

大坂の遊女

経済の中心地であった大坂には公認の遊郭があり、岡場所の遊女も品があった。

三大遊郭のひとつ大坂新町

江戸時代、大坂で公許されていた遊郭は新町《しんまち》遊郭だけである。新町遊郭は、木村又二郎《きむらまたじろう》という男が、大坂城の西南にある木津川《きづがわ》の中州にあった博労淵《ばくろうぶち》を切り開き、幕府に遊郭設立を申請したのがはじまりで、1629年（寛永《かんえい》6）に許可が下りた。新しく開かれた町ということで、いつしか新町と呼ばれるようになった。

この頃の新町遊郭には船でしか登楼することができなかったため、行商人や漁師を中心に営業をしていたが、そのうち、京都の島原《しまばら》遊郭へ遊びに行っていた商人たちが新町遊郭を利用するようになり、発展していくこととなる。遊郭内には瓢箪町《ひょうたんまち》、佐渡島町《さどしまちょう》、越後町《えちごちょう》、新堀町《しんぼりちょう》、新《しん》京橋町《きょうばしちょう》、佐渡屋町《さどやちょう》、九軒町《くけんちょう》が整備され、東西に大門《おおもん》が造られた。

寛永末期（1645年頃）には、瓢箪町29軒、佐渡島町6軒、越後町14軒、新堀町11軒という記録があり、かなり繁盛していたことが窺える。

新町遊郭の揚屋《あげや》の豪華さは有名で、江戸時代の大坂遊郭について書かれた『澪標《みおつくし》』には、「諸国に曲輪《くるわ》多しといっても、新町の揚屋にまさるものはない、遊興の席の装いは豪華で、中国の紅楼もこれには及ばないだろう。水楼という言葉がぴったりで、西には海、東には川、南北には遠くに山が見える。書院や庭も絶景である」と書かれている。昭和4年の『日本遊里史』には「皆総二階作り、大通りに面したところは格子作り、(中略)中戸口を入ると大土間で、大きな家なら六十坪程はあり」と書かれていて、昭和に入っても変わらず豪華だった。『守貞謾稿《もりさだまんこう》』によると、新町では太夫《たゆう》・天《てん》神《じん》以下すべての遊女、芸子は、遊郭の戸口

現在、四つ橋筋の東を阪神高速が走っているが、江戸時代ここには西横堀川が流れていた。新町遊郭は西横堀川のすぐ西側につくられた。このあたりが、当時は大坂の町はずれだった。

を守る番人に祝儀という名目で心付けを与えれば、外出することもできた。京都島原も同様だったようで、これは上方の特徴なのだろう。

新町の遊女でもっとも有名なのが、九軒町の夕霧《ゆうぎり》太夫である。京都島原遊郭の出身だったが、所属していた扇屋《おうぎや》が新町に移転したとき、一緒に新町に入った。当代最高の太夫といわれ、彼女が亡くなった1月7日は夕霧忌となって、新年、春の季語として今でも残っている。

大坂にもあった数ある岡場所

大坂では新町だけが公許の遊郭で、それ以外は岡場所である。その中で、準公許ともいえる岡場所が、島《しま》の内《うち》、曾根崎新地《そねざきしんち》、堂島新地《どうじましんち》、堀江新地《ほりえしんち》である。

道頓堀《どうとんぼり》の開墾後、島の内に多くの民家が建てられた。それに伴い、湯女がいる風呂屋「湯女風呂」が増えた。島の内の遊里は、この湯女風呂たちが起源とされる。その後、湯女風呂の建物を残しつつ、揚屋同然の営業形態となった。その結果、島の内の置屋には、薬師風呂、宇治風呂、千年風呂、桔梗風呂、大黒風呂といった名称が残った。

島の内の遊女は「白人」と呼ばれた。はくじんとも読むが、「しろと」と読むことが多い。つまり、素人を意味する。これは、素人女を遊女に仕立てたことから発生した言葉で、大坂遊郭やほかの京都の岡場所でも使われるようになった。

大坂新町の九軒町で行われていた花魁道中の様子を描いたもの。(『浪花名所図会』より「しん町九けん丁」)

大坂の遊里が繁盛すると、風紀の乱れに目が余るようになった。幕府は1842年（天保《てんぽう》13）の町触れで、新堀、曾根崎新地、道頓堀の3か所に遊里を限定することにした。島の内遊里も、この3か所に移転させられることとなり、以降の島の内は衰退していく。

曾根崎新地は、貞享《じょうきょう》年間（1684〜1688年）に宇治川の河川修理をしたときにできた新地で、近松《ちかまつ》門《もん》左《ざ》衛門《えもん》が書いた『曾根崎心中』の舞台になったことでも有名である。1708年（宝永《ほうえい》5）に茶屋98軒が公認された。曾根崎では芝居も許可され、三丁目に小屋が建てられると繁栄を極めることになった。享保《きょうほう》期（1716〜1736年）になると、堂島新地の茶屋が移転してきて、ますます栄えた。曾根崎新地には、新町の揚屋に匹敵する「ふるまひ茶屋」というものが独自に発展した。諸藩の蔵屋敷が多かった中之島《なかのしま》から近いこともあり、大坂では珍しく武家の客も多かったという。

堂島新地は、曾根崎新地の南にできた岡場所で、1688年（元禄1）に茶屋125軒を許可されたことにはじまる。曾根崎新地と同じように、蔵屋敷の留守居役が商売上の交渉や接待に茶屋を利用することが多く、また、堂島に米市場が移転してくると米市場の商人たちも足を運ぶようになり、堂島新地も繁盛した。

ところが、享保中期（1726年頃）以降、米仲買商や両替商などが次々に店舗を構えるようになり、堂島一帯がビジネス街のごとく発展し、岡場所はしだいに圧迫された。茶屋は徐々に追いやられる形で、曾根崎新地へ店を移していった。1731年（享保16）頃には、ほとんどの店が移転を完了させ、堂島新地の岡場所は自然消滅した。曾根崎新地と堂島新地が現在の北新地である。

堀江新地に茶屋68軒が許可されたのは1698年（元禄11）のことだった。西端に船着き場があったことから、堀江新地には諸国の廻船が集まり、船頭や旅人が多く立ち寄った。すると、ほかの茶屋と同じく売女があらわれ、1713年（正徳《しょうとく》3）頃に茶立女《ちゃたておんな》を抱える許可が出され、岡場所として繁栄していく。『心中恋の塊り《しんじゅうこいのかたまり》』（1703年）には、堀江の遊女、茶屋女の心中事件5件が取り上げられており、心中ものでは曾根崎新地に次ぐ舞台となっている。

日本三大遊郭・島原を中心とした遊里

京都の遊女

江戸吉原、大坂新町と並ぶ日本三大遊郭のひとつ・島原遊郭が存在。多くの有名人が浮名を流した。

京都の花街誕生と島原遊郭

京都で花街が誕生したのは、室町時代だといわれる。３代将軍・足利義満《あしかがよしみつ》の治世だった１３９２年（応永《おうえい》４）、九条《くじょう》の里《さと》と呼ばれる郭が東洞院七条下《ひがしのとういんしちじょうさが》ルにつくられた。室町時代末期には、五条東洞院界隈にも、遊女町があったという。さらに、１５２８年（大永《だいえい》８）には、傾城局《けいせいのつぼね》という官署が設置され、幕府が遊女町を支配下に入れた。

その後、豊臣秀吉《とよとみひでよし》時代の１５８９年（天正《てんしょう》17）、浪人の原三郎左衛門秀正《はらさぶろうざえもんひでまさ》と林又一郎《はやしまたいちろう》が、秀吉の許可を得て六条《ろくじょう》に郭《くるわ》をつくった。これが本格的な遊郭のはじまりだとされる。郭の入り口に柳があったことから二条柳町《にじょうやなぎまち》遊郭と呼ばれた。

二条柳町遊郭は１６４１年（寛永《かんえい》18）、江戸幕府によって六条から朱雀野《すざくの》に強制的に移転させられた。朱雀野への移転があまりに急すぎて業者側が大混乱し、その混乱の様子がさながら

京都地域のおもな岡場所

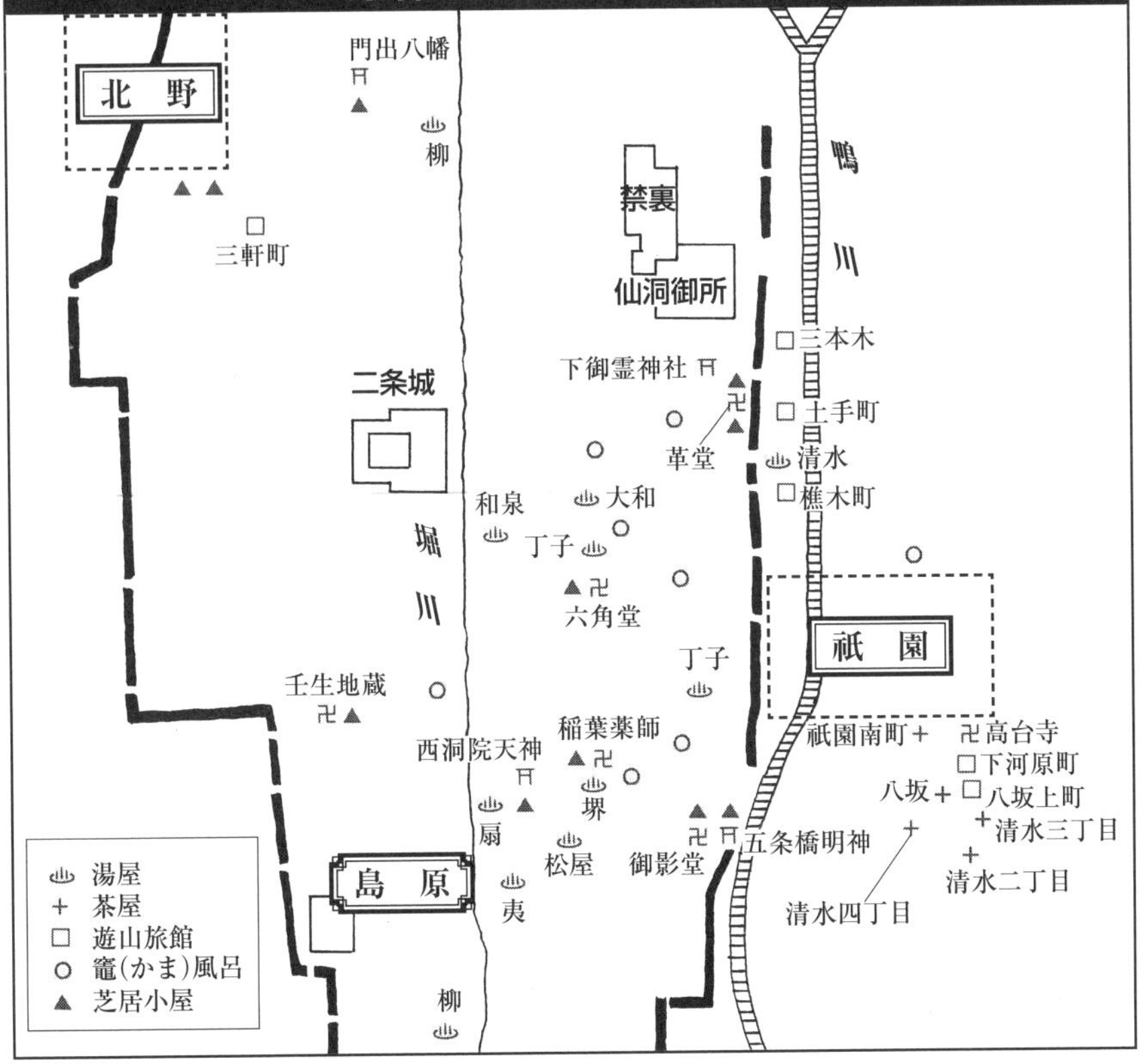

島原《しまばら》の乱のようだったので、朱雀野の遊郭は島原遊郭と呼ばれるようになったという（諸説あり）。

島原遊郭は、江戸の吉原の見本ともなった遊郭で、江戸の吉原、大坂の新町と並んで三大遊郭と呼ばれ繁栄した。それを端的にあらわしているのが、島原で太夫と呼ばれる最高クラスの遊女たちには、朝廷から正五位《しょうごい》の官位が授けられていたことである。正五位ともなれば、天皇への謁見を許される官位である。遊女とはいえ、彼女たちのステイタスは、そこいらの武士たちより格段に上だったのである。

島原遊郭には、東西に門が作られ（西門はかなり後期になってから）、堀の内側に高さ6尺（約１・８メートル）ほどの土塀がめぐらされた。東門には番所が置かれ、廓は外界と隔絶した世界となった。また、置屋や揚屋以外にも、紙屋、餅屋、ぜに屋（両替商）、八百屋、豆腐屋といった店まで建ち並び、遊郭だけの流通機構をもっていた。

島原にはさまざまな遊女屋があったが、有名なのは輪違屋《わちがいや》だろう。１６８８年（元禄《げんろく》１）に置屋として創業し、現在も茶屋として営業を続けており、今でも太夫がいる唯一の場所である。創業当時の名は養花楼《ようかろう》だった。桔梗屋《ききょうや》の遊女たちは、書道や文字の専門教育を受けていたといわれ、貞享《じょうきょう》・元禄年間（１６８４〜１７０４年）の京都では、文章の内容は御所の女官を手本に、筆跡は島原の遊女を手本に学べといわれていたほどだった。

この島原をさきがけに、京都には遊里が数多く誕生する。幕府は、廓を統制するため、島原に京都全遊郭の惣年寄の役職を与えた（１７６１年）。京都の岡場所は、島原の支配下に置かれることになったのである。

こうして京都の遊郭は、ある程度均衡が保たれたが、それでも非合法な私娼や隠売女は後を絶たず、たびたび幕府の手入れを受けている。検挙された私娼たちは島原へ送られ、そこで最下級の遊女として労働させられた。これを「島流し」と呼んだ。

大石内蔵助や後藤象二郎が利用した京都の遊里

島原以外の遊里で、もっとも有名なのは祇園《ぎおん》だろう。祇園は、祇園社・清水寺《きよみずでら》の門前町として発展し、祇園通りによって南北に分かれている。祇園新地、または八坂《やさか》新地とも呼ばれた。

当初は腰掛茶屋《こしかけぢゃや》が何軒かあるだけの小さな町だったが、いつからか遊女が集まり、祇園社に参詣する旅人を相手に商売する茶立《ちゃたて》女、茶汲《ちゃくみ》女と呼ばれた私娼があらわれた。元禄・正徳《しょうとく》（1688～1716年）以降は、島原に次ぐ歓楽街となった。『日本誌』を著したケンペルによれば、元禄（1688～1704年）期の祇園を「乞食や娼婦の群かる町」、「娼家を以て満される町」と書いている。享保初期（1720年頃）には、茶屋の数は250軒を超えたといい、遊女の数も500名を超えた。1732年（享保17）に茶屋株を公許され、1790年（寛政2）頃に遊女町として認められた。

祇園の白人の図（『誉素人一首』）

先斗町《ぽんとちょう》に遊里ができたのは1670年（寛文《かんぶん》10）頃で、加茂川《かもがわ》護岸の石垣工事が行われたとき、使役の労働者たちを当てこんで岡場所が誕生した。先斗町の岡場所は急速に発展し、1674年（延宝2）には橋本《はしもと》町、若松《わかまつ》町、梅《うめ》ノ木《き》町、松本《まつもと》町に5軒の揚屋茶屋が許可されている。先斗町の遊女で有名なのは、後藤象二郎《ごとうしょうじろう》が寵愛したというお仲だろう。

曲亭馬琴《きょくていばきん》の『羇旅漫録《きりょまんろく》』（1803年）には、「上宮川町、下宮川町、古宮川町」という記述が見られ、宮川町も岡場所として有名だった。1859年（安政《あんせい》5）には宮川町で遊女を置くことが認められ、1867年（慶応3）には年間3000両を上納することを条件に無期限営業が認められた。宮川町の遊郭は、戦後の売春防止法（昭和33）が施行されるまで存在し続け、今でも遊郭の建物が残っている。

京都三本木《さんぼんぎ》には茶屋9軒、芸者屋6軒があった。ここは、遊女のいないことと芸者の質の高いことで知られ、桂小五郎《かつらこごろう》の妻となった幾松《いくまつ》、近藤勇《こんどういさみ》の愛人駒野《こまの》などがいた。

伏見《ふしみ》にある撞木町《しゅくもくちょう》には、1604年（慶長9）から続く遊里があった。『色道大鏡《しきどうおおかがみ》』（1678年成立）には、「当処の傾城《けいせい》、先年半夜女ばかりにて、いたく凡卑《およそひ》なりし」とあり、評価はかなり低いといわざるを得ない。島原では太夫、天神、囲《かこい》、端女郎《はしじょろう》という遊女の格付けがあったが、撞木町の場合は天神、囲、半夜《はんや》という格付けで、島原より一枚も二枚も落ちるという評価だった。しかし、撞木町の遊里は廃れることなく存続し続け、たとえば忠臣蔵《ちゅうしんぐら》の大石内蔵助《おおいしくらのすけ》が女娼を求めるときには撞木町に通っていた。大石が登楼していたのは笹屋清右衛門《ささやきようえもん》という店で、在京の同志たちも同行していた。彼らは、廓内だけの粋名を使っており、大石は「うき」、小野寺十内《おのでらじゅうない》は「ほくたん」、村松三太夫《むらまつさんだゆう》は「たんすい」、勝田新左衛門《かつだしんざえもん》は「せう」と名乗っていた。

その後も、公卿が遠路はるばる来訪するほどにまで繁栄したが、『羇旅漫録』には「今（１８０２年）は大《おおい》におとろへて、郭《くるわ》はむなしく菜園となれり。吾妻屋とかいへる妓楼《ぎろう》只一軒」とあり、理由はわからないが一気に衰退してしまったようだ。

伏見には、撞木町のほかにも墨染《すみぞめ》遊郭があった。ただ、墨染は京都・伏見間にある休憩所といった趣だったため、史料が数少ない影の薄い遊郭である。１８４２年（天保14）の幕府に遊郭整理策で、旅籠に転業する店が増え、「飯盛女等召仕候儀不相成」と念を押されているところをみると、飯盛旅籠として存続していたようだ。

１８６８年（明治１）、鳥羽伏見の戦いで伏見一帯は焦土と化し、撞木町、墨染遊郭が全滅し、伏見の遊郭は役目を終えた。

同年、京都の遊郭は、改めて島原遊郭の支配下に置かれることとなり、島原以外の遊郭は年間３０００両を幕府に納めることで無期限の営業を許されることになり、明治維新を迎える。この頃、島原遊郭の遊女は67人、芸者65人。遊女のうち太夫10人、天神35人、端女郎22人。揚代は太夫１両２朱（約11万２５００円）、天神３分１朱（約８万１２５０円）、端女郎20匁（約３万円）だったという。

外国人も相手にした遊所

長崎の遊女

土地柄、オランダ人やロシア人向けの遊郭が作られ、異国情緒ふれる遊里となった。

出島に出入りしオランダ人を相手にしていた丸山遊女

長崎でもっとも有名な遊郭は、丸山《まるやま》遊郭だろう。長崎外町の丸山町、寄合《よりあい》町に遊女屋が軒を並べ、この両町をまとめて丸山といった。もともとは、1593年（文禄《ぶんろく》2）頃に、博多須崎《すざき》浜柳《はまやなぎ》町の遊女屋恵美須《えびす》屋が長崎に進出し、古町《ふるまち》に遊里を開いたのがはじまりである。この古町が寄合町である。

新開港地だった長崎には、次々と遊女町が新設された。やがて、内外72もの遊女町ができあがり、風紀上の問題などから遊郭を移転させることになった。そのとき選ばれたのが、寄合町と太夫町で、これらの町の総称として丸山町の名がつけられた。1642年（寛永《かんえい》19）に寄合町の名で公許されたが、丸山遊郭と呼ばれることのほうが多かった。

遊女たちの出身は、そのほとんどが貧しい家の娘で、江戸吉原と同じように年季が明ければ家に戻って、普通の女性として暮らした。オランダ商館に勤務したケンペルや、スウェーデンの植物学者ツンベルクは、そのことに驚いたことを著書に書いている。日本と欧米では、娼婦たちに対する価値観がまったく違ったのである。

出島にあったオランダ商館でオランダ人と話し込む丸山の遊女。
(『長崎土産』)

　丸山の遊女は、ほかの遊郭とは違って、客の宿に自ら赴いて枕席を用意したといい、その延長線上として出島《でじま》（来日した外国人を留め置くための扇形の埋め立て地）に出入りするようにもなった。1861年（文《ぶん》久《きゅう》1）に成立した『長崎土産』という書によると、当時の遊女屋の数は、渚町、片側町合わせて30軒、寄合町27軒で、遊女の数は合わせて766人だった。そのうち太夫は127人いたという。

　出島へ入ることができた日本人は、通詞や検使など限られた者だけだっ

遊女屋を訪れるオランダ人と連れの武士。丸山の遊郭は出島の外にあったが、オランダ人も足を踏み入れることができた。(『長崎土産』)

た。それは、海外情報が封建体制を揺るがしかねない危険があったからだ。そんな厳戒態勢にあったなか、遊女は出入りを許されていたのである。ヴァレンティーの『日本日誌』によると、遊女たちの出島への出入りが許可されたのは1645年(正保《しょうほう》2)のことで、当初は夕方に来て翌朝戻ることになっていたが、1699年(元禄《げんろく》12)に昼の出入りも認められた。

丸山遊郭では、出島に行くのは最下級の遊女で、「阿蘭陀《おらんだ》行《ゆ》き」といった。ちなみに中国人を相手にすることを「唐人《とうじん》行《ゆ》き」、日本人を相手にすることを「日本行き」といった。当初は格上の遊女は外国人を相手にすることはなかったが、時代が進むと、徐々に太夫格の遊女も出島に出入りするようになっていった。

オランダ商館長（カピタン）として来日したブロムホフが残した『ヤン・コック・ブロムホフ文書』には、丸山遊郭からの請求書が存在している。そこには、ブロムホフが寵愛した糸萩という遊女と、太夫の左門太という遊女の揚代が請求されている。もちろん日本語で書かれているが、あちこちにオランダ語訳もついており、通詞が翻訳していたこともわかる。ちなみに、丸山遊郭の揚代金は、長崎奉行所が決めていた。

丸山遊郭の遊女と遊ぶオランダ人。遊女が出島まで出張することもあった。（『色道三津之伝』）

出島に入った遊女たちは、ほかの地域の遊女とは明らかに違っている。なかでも、家事を任されていたというのは、かなり珍しいといえよう。彼女たちは家政婦の役割も担っていたのである。オランダ商館では、彼女たちの手際の良さと節約精神には大いに感謝していたという証言が残っている。

また、出島内では、遊女たちは厚遇されていた。オランダ商館は水場が多いことから、夏場

江戸時代末期の長崎

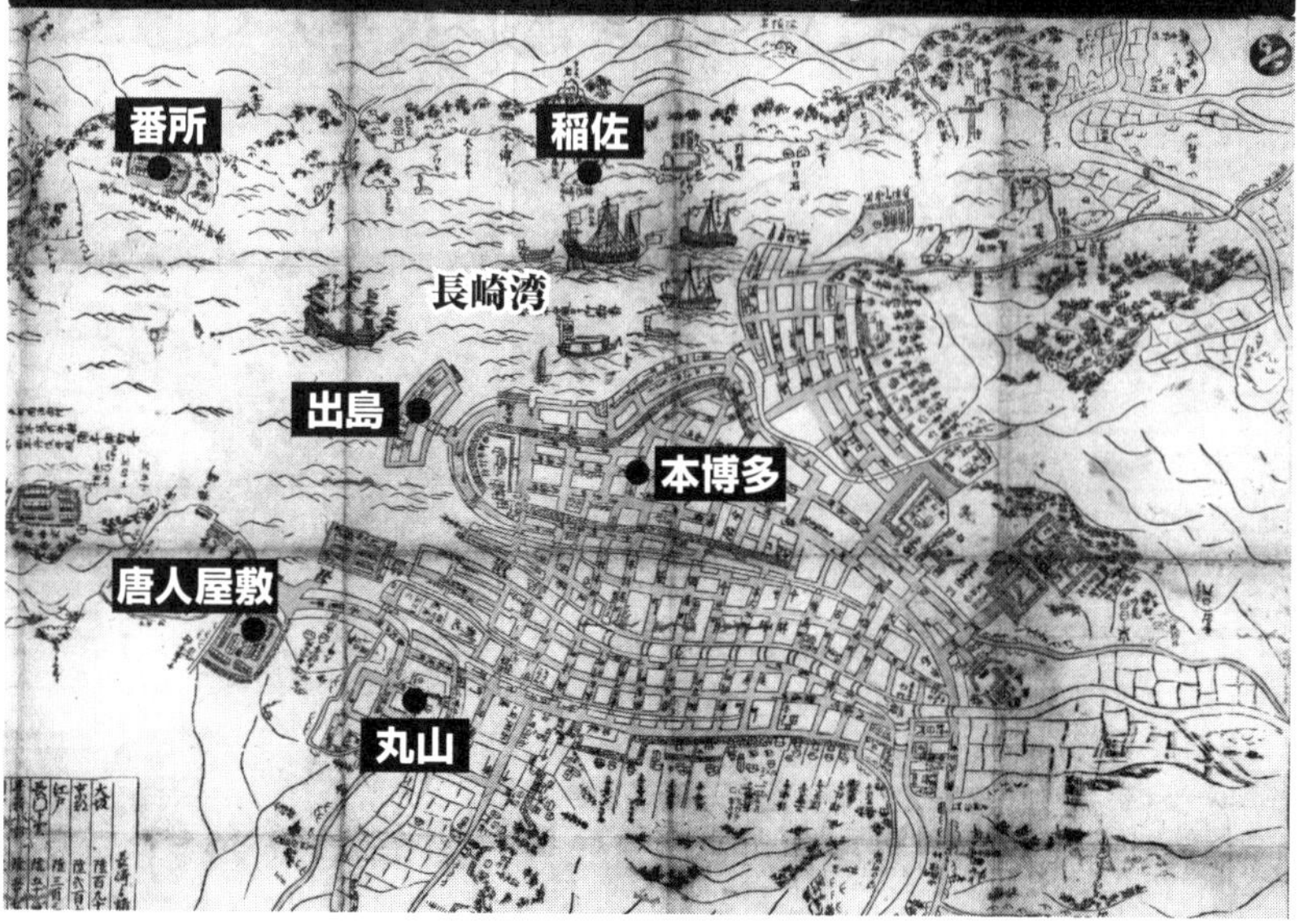

江戸時代、日本で唯一海外との接点があった長崎では、外国人向けの遊郭として丸山と稲佐が設置され、幕末にかけて賑わった。(『長崎大地図』)

は蚊に悩まされていたが、カピタン屋敷に作られた遊女部屋にだけ蚊帳が張ってあったという。ときには通詞が遊女部屋に蚊帳を借りにくることもあった。

カピタンをはじめ、オランダ商館員たちは、自分が呼んだ遊女たちに、さまざまな贈り物をしている。なかでも度肝を抜かれるのが、ブロムホフが糸萩に贈ったラクダであろう。糸萩がラクダをもらったところで持て余してしまうので、ラクダは興業師に売られ、その代金が糸萩に支払われたという。ちなみに、このラクダは江戸の両国で見世物になっていた。

贈り物でもっとも多かったのが、

白砂糖だった。贈砂糖表に、たくさんの遊女の名が見える。当時の日本にはなかった(日本で生産されるのは天保期になってから)貴重な舶来品で、非常に高く売れたという。ほかにも、絵鏡やガラス板、オランダ製の靴や傘、タンス、ティーセットといった、国内では珍しいものが多かった。また、更紗などの反物類も数多く見られる。

遊女とオランダ人との悲恋の逸話もいくつも残されており、『長崎随筆』によると、カピタンのヘンドリッキ・ドーフと京屋の爪生野、アルベルトス・フランソイス・ロンベケと京屋の若沢、参府途中の遠州掛川で服毒自殺したカピタンのゲイスベルト・ヘンミーと油屋の花の戸、シーボルトと引田屋の其扇などがあげられている。

丸山遊郭は「往古より異国通商の土地故、和漢入湊の商客が在留鬱散のため、(遊女)が召し置かれている場所」として幕府も認めており、丸山町と寄合町以外の町に芸子を置くことを禁じている。

長崎ならではのロシア人専用の遊郭

長崎では、丸山が唯一無二の遊郭だったので、江戸時代にほかの遊郭はほとんど見られない。そんな中、稲佐《いなさ》だけは違った。稲佐遊郭は、ロシア人専用の遊郭だった。

1853年(嘉永《かえい》6)、ロシア使節のプチャーチンが来日した。彼らを長崎の中心街に迎えたくなかった幕府は、港を隔てた漁村の稲佐を上陸地に指定した。しだいに受け入れ先が増えていき、極東に不凍港を求めるロシア艦隊の「稲佐ロシア人休息地」となった。通称「ロシアマタロス休息所」と呼ばれ、1860年（万延《まんえん》1）に遊郭が設置された。このとき、丸山遊郭との話し合いが行われ、丸山から27人の遊女が派遣された。稲佐遊郭では、日本で初めて梅毒の検査が行われた。

彼女たちには、稲照《いなてる》、稲浪《いななみ》、稲鶴《いなつる》など、全員が稲の字をつけた源氏名がつけられ、稲佐行きと呼ばれた。稲佐行きの遊女たちは、ロシア軍が出航すると丸山に戻った。普通の遊女とは違うということで、仕切り遊女とも呼ばれた。

そのほかにも、佐世保《させぼ》や出雲《いずも》町、名切《なきり》などが長崎の遊里として知られるが、それらは明治時代以降にできた遊里であり、丸山遊郭の一強状態だった江戸時代には、岡場所すら開設するのは難しかったようだ。

第七章

陰間茶屋の男娼

——江戸時代の男色事情

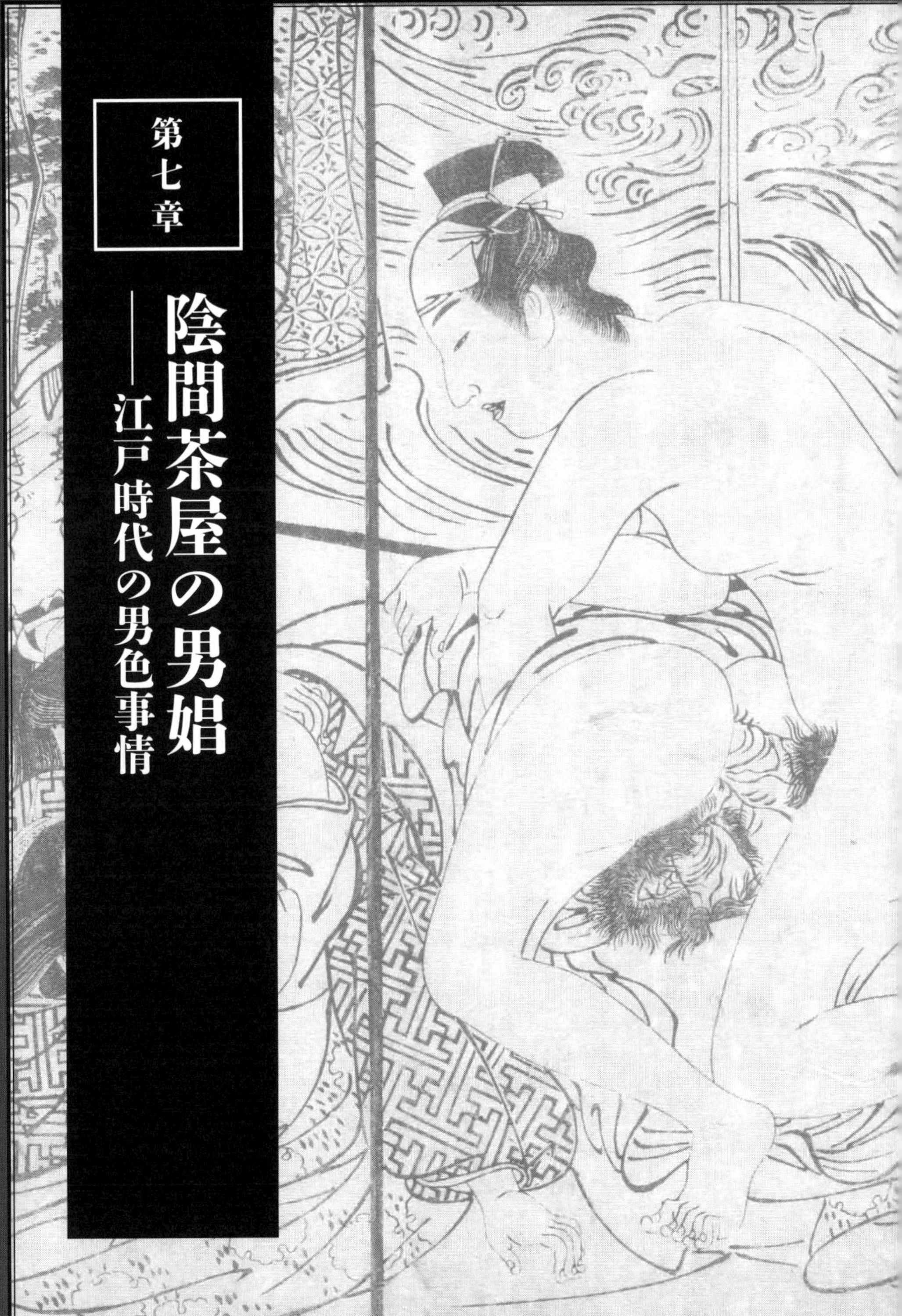

江戸時代、男色はタブーではなかった

陰間茶屋とは？

遊女の男性版を陰間といい、陰間の売春も商売になった。

遊女遊びと同列だった陰間遊び

江戸時代の日本は、男性同士の恋愛や性行為（男色）も日常的に許容されていた時代だった。幕府や諸藩が男色を禁止したこともあったが、それは男同士の性交渉を咎めたのではなく、男色がらみの刃傷沙汰が増えてきたためであり、男色という風俗そのものを禁じた者ではなかった。現代のように同性愛者（男性も女性も）がマイノリティな存在ではなく、欧米文明がなだれ込んでくる明治時代までは特に咎められることはなかった。

1693年（元禄《げんろく》6）に成立した井原西鶴《いはらさいかく》の『西鶴置土産《おきみやげ》』という本には、遊女と遊ぼうとした男が、夜までの暇な時間に陰間（金品で体を売る男性のこと）を買うという話が出てくる。当時は、遊女遊びも陰間遊びも同列に扱われていたのである。

お金を払って若い男性と性交渉する店を「陰間茶屋《かげまぢゃや》」という。陰間茶屋は当然、幕府に公認

江戸時代の男娼である陰間は、指名があったら客のもとに出向く「呼出」というシステムをとっていた。（『男色山路露』）

されたものではなく、岡場所《おかばしょ》のひとつである。そのため、摘発の対象となることもあり、吉原《よしわら》からの提訴によって取り締まられることもあった。ちなみに、陰間茶屋は男性客専門の店というわけではない。後家さんや御殿女中など女性の客も通った。なお、関西方面では「若衆《わかしゅ》茶屋」「若衆宿」といったが、本書では陰間茶屋で統一する。

陰間と遊ぶ場合も、ほかの岡場所と同様に、一《ひ》と切《きり》いくらで計算することが多かった。陰間茶屋の場合、一と切は線香一本が燃え尽きるまでの時間で、だいたい１時間くらいである。

陰間茶屋の揚代は、一と切が金１分（約２万５０００円）だった。ただし、有名な陰間は初めの一と切が金２文〜金３分（約５万〜７万５０００円）など、特別料金が設定されていた。一日買い切る場合はもっと高額になった。吉原の昼三《ちゅうさん》という階級の遊女の揚代が、夜だけだと金１分２朱（約３万７５００円）である。陰間遊びは吉原並みのお金がかかったということになる。

芝居町と門前町で繁盛した陰間茶屋

江戸と上方の陰間茶屋

芝居町で賑わった二丁町と芳町

江戸の陰間茶屋は数カ所にあったが、なかでも有名だったのが芳町《よしちょう》（葭町）だ。現在の日本橋人形町《にんぎょうちょう》あたりで、元吉原《もとよしわら》にほど近い場所である。本当の町名は堀江六軒町《ほりえろっけんちょう》というが、当時から芳町という俗称で庶民たちからも呼ばれていた。

芳町には歌舞伎の中村座《なかむらざ》、市村座《いちむらざ》があり、芝居町として賑わっていた。もともと若い歌舞伎役者が陰間になったという経緯もあり、芝居町である芳町が陰間茶屋として繁盛するのも首肯できる話である。同じく芝居町だった堺町《さかいちょう》と葺屋町《ふきやちょう》も陰間茶屋が盛んで、堺町と葺屋町を合わせて二丁町《にちょうちょう》と呼ばれていた。ちなみに、葺屋町の南にあった新道が芳町である。

芳町と二丁町の陰間茶屋には場所柄、歌舞伎役者のたまごが陰間として詰めていた。そのため、この地の陰間茶屋はほかの地域よりも格上と見なされていた。

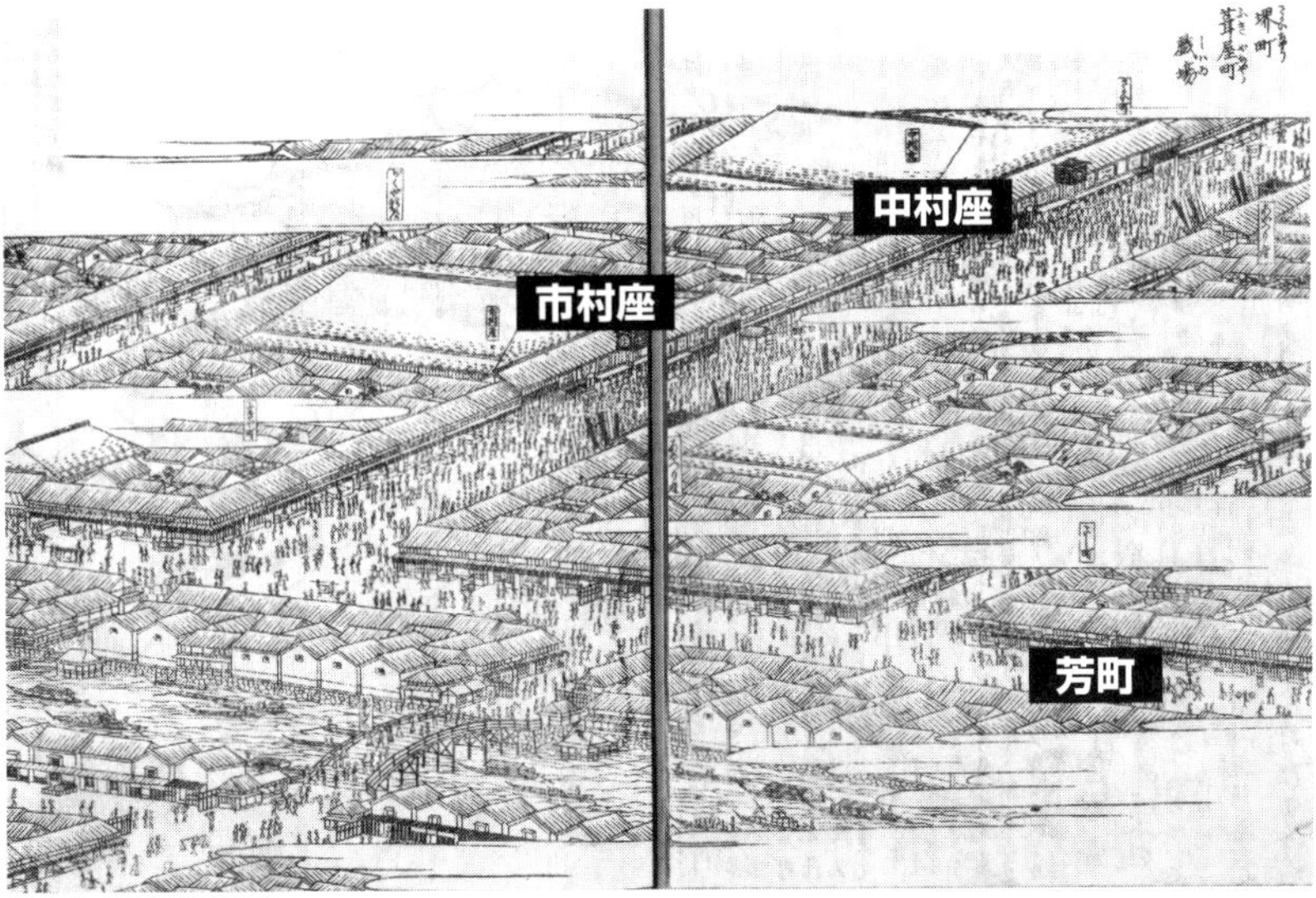

堺町と葺屋町の様子（合わせて二丁町という）。歌舞伎の小屋があり賑わい、多くの店が建ち並んでいたが、その中に陰間茶屋もあった。その近くの通りを「芳町」といった。（『江戸名所図会』）

芳町の陰間は、江戸のほかの岡場所の遊女のように、ほとんど「呼出《よびだし》」（指名されたら指定された場所に出向く）だったが、二丁町の場合は芝居小屋に所属している陰間も多かったので、いわゆる「伏《ふ》せ玉《だま》」が多かった。

指名された陰間は、「まわし男」という連れの者とともに現地に赴く。まわし男とは、陰間茶屋に所属する陰間のマネージャーのような存在で、未経験の陰間を仕込む役割も担っていた。

まわし男は布団をもって陰間を現場に案内した。また、同衾する前に陰間と客が三味線を弾いたり酒を飲んだりすることもあったので、まわし男が三味線などの小道具を持参することもあった。

陰間茶屋で遊ぶ場合は、このように襖一枚隔てただけの部屋で情事を楽しむこともあった。当然、お互いの声などは筒抜けである。(『男色山路露』)

陰間茶屋が門前町に多かったわけ

江戸時代の僧侶や神職は女犯が禁止されており、遊郭や岡場所に通う僧侶や神職たちはもとの衣裳を脱いで医者などの扮装に着替えてから目当ての土地に行ったほどだった。

僧侶の女犯禁止は仏教伝来以来の伝統だったので、寺院では男色が古くから行われていた。こうした理由から、僧侶を相手に商売する陰間茶屋も多く、寺社の門前町で陰間茶屋が繁栄することもあった。

僧侶相手の陰間茶屋として有名なのが湯島《ゆしま》と芝神明《しばしんめい》である。どちらも、遊女の岡場所としても有名な地域だ。遊女がいたところなら色を求めてやってくる客も多く、それらの人々も客にしようと考えたのである。当時は、女色も男色もどちらも行うという人も多かったのだ。

湯島は上野寛永寺《かんえいじ》に近く、湯島天神の境内に宮芝居が

都内で陰間茶屋があった主な場所

陰間茶屋は芝居町と門前町に多く建ち並んだ。まだ芽の出ない若い役者が陰間になったこと、客の多くが僧侶だったことがその理由である。

あったことから陰間茶屋が進出し、陰間目当ての客でも賑わった。芝神明町には増上寺《ぞうじょうじ》と芝神明社があり、増上寺の僧侶が上客だった。湯島の陰間茶屋はいちょうに柿色の暖簾を掲げて目印にしていたといい、その他の地域の陰間茶屋も同じようなことをしていたと考えていいだろう。

芝神明町と湯島の陰間茶屋は、格付け的には芳町に次ぐ町とされ繁盛した。芝神明には寛政《かんせい》（1789〜1800年）の頃に34軒もの陰間茶屋があったという。

糀町《こうじまち》(現在の千代田区麹町)

後家が陰間茶屋で遊んでいる様子。一番下で抱きしめられているのは、女性に見えるが陰間である。(『若衆遊伽羅之枕』)

の陰間茶屋も、湯島や芝神明町と同じランク付けにされていた。ここには糀町天神が鎮座し、宮芝居もあったため、若い役者が陰間として働いていたため、高ランクとなっていた。

そのほかの陰間茶屋の岡場所としては、赤坂《あかさか》、市《いち》ヶ谷《や》、神田《かんだ》、浅草馬道《あさくさうまみち》、本所回《ほんじょえ》向院《こういん》などがあった。このなかでは浅草馬道と回向院が最低ランクとされ、神田周辺の陰間も一段低く見られていた。

これらの陰間茶屋は、江戸後期に行われた天保《てんぽう》の改革(1830~1843年)によって摘発されて壊滅し、その後、復活したところもあったが、江戸中期のような繁盛ぶりを取り戻すことはできなかった。

上方の陰間と宿場町の陰間

京都や大坂にも陰間茶屋はあった。そもそも陰間茶屋は上方が発祥の地であり、江戸の陰間も当初はほとんどが上方出身者で占められていたほどだ。これは、江戸っ子の荒い気風が陰間には合わないと判断されたためである。

陰間が多かったことで有名なのが、京都宮川《みやがわ》町の遊里である。幕府の風紀取り締まりで女歌舞伎が禁止になると、四条河原《しじょうがわら》で美少年を主役とした若衆歌舞伎が流行した。それに伴い、四条河原に近い宮川町に、男色売春を行う陰間茶屋があらわれた。江戸時代を通じて、常時80人くらいの色子（男色の相手となる美少年のこと）がいた。忠臣蔵で有名な大石内蔵助《おおいしくらのすけ》が、息子の主税《ちから》とともに宮川町の陰間茶屋を馴染みにしていたといわれる。

大坂の道頓堀《どうとんぼり》も歌舞伎小屋のおひざ元で、中座《なかざ》・角座《かどざ》・浪花座《なにわざ》があり、そのほか浄瑠璃《じょうるり》の竹本座《もとざ》もあって、若い役者が陰間として務めた。

飯盛女が宿場町に誕生したことを考えれば、そこに陰間があらわれることも容易に想像がつくだろう。たとえば、東海道の興津《おきつ》宿に、清見寺《せいけんじ》膏薬を売る店があった。この膏薬は、特殊な薬草を松脂《まつやに》で練り合せたもので、ひび・あかぎれに効用があるとして評判になった。この膏薬を売る少年が陰間で、陰間茶屋と同じような営業をしていた。

『近代庶民生活誌』南博（三一書房）
『大江戸岡場所細見』江戸の性を考える会（三一書房）
『遊女の江戸』下山弘（中央公論新社）
『全国花街めぐり』松川二郎（誠文堂）
『歴史の中の遊女・被差別民』（新人物往来社）
『江戸岡場所遊女百姿』花咲一男（三樹書房）
『江戸諸国遊里図絵』佐藤要人・花咲一男（三樹書房）
『日本史小百科　遊女』西山松之助・編（東京堂出版）
『遊女の生活〈増補〉』中野栄三（雄山閣）
『日本風俗史』日本風俗史編集部・編（雄山閣）
『日本花街史』明田鉄男（雄山閣）
『江戸の遊女』石井良助（明石書店）
『遊郭をみる』下川耿史・林宏樹（筑摩書房）
『不思議の町 根津』森まゆみ（筑摩書房）
『宿場と飯盛女』宇佐美ミサ子（同成社）
『江戸売笑記』宮川曼魚（青蛙房）
『江戸の遊女』村上元三（東京文芸社）
『江戸遊里の記憶』渡辺憲司（ゆまに書房）
『長崎出島の遊女』白石広子（勉誠出版）
『日本遊里史』上村行彰（藤森書店）
『吉原と島原』小野武雄（講談社）
『江戸遊里盛衰記』渡辺憲司（講談社）
『絵でよむ江戸のくらし風俗大事典』棚橋正博・村田裕司（柏書房）
『遊廓の世界』中村芝鶴（評論社）
『近世風俗誌』（岩波書店）
『八王子遊郭の変遷』わだち編（かたくら書店）
『日本女性生活史』女性史総合研究会・編（東京大学出版会）
『遊女の社会史』今西一（有志舎）
『江戸の盛り場』海野弘（青土社）
『江戸色街散歩』岩永文夫（ＫＫベストセラーズ）
『台東風俗文化史』台東文化振興会編（台東文化振興会）
『市民のための八王子の歴史』樋口豊治（有峰書店新社）
『府中市女性史』（ドメス出版）
『多摩の歴史』松岡六郎・吉田格（武蔵野郷土史刊行会）
『凛として』調布の女性史編さん委員会編（調布市）
各市区町村史／多摩のあゆみ

【監修】
安藤優一郎（あんどう・ゆういちろう）

１９６５年生まれ。歴史家。文学博士（早稲田大学）。江戸をテーマとする執筆・講演活動を展開。ＪＲ東日本大人の休日倶楽部などで生涯学習講座の講師を務める。主な著書に『江戸の《新》常識』(SB ビジュアル新書)、『30 の神社からよむ日本史』(日経ビジネス人文庫)、『江戸のいちばん長い日　彰義隊始末記』(文春新書) がある。

執筆：水野大樹、槙野裕一朗
装丁：松浦竜矢
カバー画提供：アフロ
編集：有限会社バウンド

江戸を賑わした　色街文化と遊女の歴史

発行日　　2018 年 12 月 7 日　初版

監　修　　安藤優一郎
発行人　　坪井義哉
発行所　　株式会社カンゼン
〒 101-0021
東京都千代田区外神田 2-7-1 開花ビル
TEL　03（5295）7723
FAX　03（5295）7725
http://www.kanzen.jp/
郵便振替　00150-7-130339
印刷・製本　株式会社シナノ

ISBN 978-4-86255-494-9
Printed in Japan
定価はカバーに表示してあります

本書に関するご意見、ご感想に関しましては、kanso@kanzen.jp まで
Eメールにてお寄せください。お待ちしております。

江戸の色街

遊女と吉原の歴史

江戸文化から見た吉原と遊女の生活

監修◎安藤優一郎

遊郭・吉原の全貌と、そこに生きた遊女たちの姿を追う
遊女たちの日々の生活から吉原独特の風習など、
江戸吉原を徹底解説

吉原にはどんな人々が住んでいたのか、遊女の一日とはどんなものだったのか、吉原ではどうやって遊んだのか……。遊女のルーツや吉原誕生までの経緯から、遊女の生活ぶりまで、江戸文化の中心地となった吉原と遊女にスポットを当てる。３００年間公認の遊廓として栄えた町・吉原と、その主役・遊女の歴史と実像を知らずして江戸は語れない。

定価 1,700 円（税別） ISBN 9784862553515

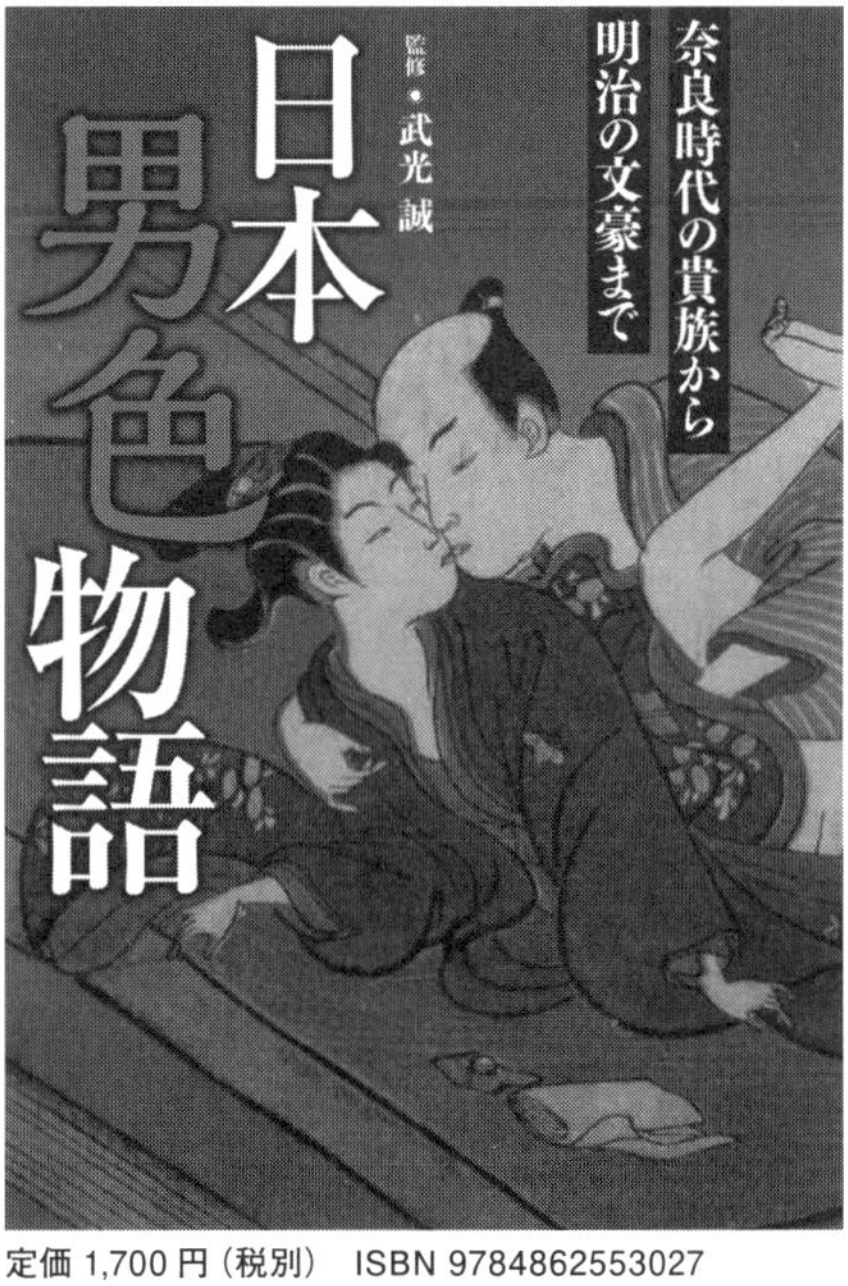

日本男色物語

奈良時代の貴族から明治の文豪まで

監修◎武光誠

文化人から貴族、武将まで、耽美で奥深い男色史をひもとく
貴族、僧侶、武士、庶民までが夢中になった、
男同士の恋愛模様

かつての日本で「男色」は特別なことではなく日常だった。僧侶と稚児、将軍と小姓、武士と家臣、庶民と男娼、貴公子と貴公子…、日本史上ではさまざまな身分の人たちが、それぞれの立場で男色を楽しんだ歴史がある。同性愛に対する偏見や差別がなかった時代の「男同士の恋愛」を、あますことなく紹介する。

定価 1,700 円（税別） ISBN 9784862553027